GTB
Gütersloher Taschenbücher
981

Wolf-Rüdiger Schmidt

Geliebte und andere Tiere

*im Judentum,
Christentum und Islam*

Vom Elend der Kreatur
in unserer Zivilisation

In Zusammenarbeit mit
Renate Beyer und Hanna Rheinz

Gütersloher Verlagshaus

Originalausgabe

Die Deutsche Bibliothek – CIP-Einheitsaufnahme

Geliebte und andere Tiere im Judentum, Christentum und Islam : vom Elend der Kreatur in unserer Zivilisation /
Wolf-Rüdiger Schmidt in Zusammenarbeit mit
Renate Beyer und Hanna Rheinz. –
Orig.-Ausg. – Gütersloh : Gütersloher Verl.-Haus, 1996
(Gütersloher Taschenbücher ; 981)
ISBN 3-579-00981-8
NE: Schmidt, Wolf-Rüdiger; Beyer, Renate; Rheinz, Hanna; GT

ISBN 3-579-00981-8
© Gütersloher Verlagshaus, Gütersloh 1996

Umschlaggestaltung: Dieter Rehder, Aachen, unter Verwendung
eines Pressefotos des ZDF, Mainz.
Satz: Weserdruckerei Rolf Oesselmann GmbH, Stolzenau
Druck und Bindung: Clausen & Bosse, Leck
Gedruckt auf chlorfrei gebleichtem Werkdruckpapier
Printed in Germany

Inhalt

Hanna Rheinz

II. »Und schont die Seele der Tiere«
Tier und Tierschutz im Judentum

Wolf-Rüdiger Schmidt und Renate Beyer

III. Das Seufzen der Rinder –
Vom Leben und Leiden der Tiere unter Christen

Vorwort

Das Thema Tier kommt nicht vom Tisch. Es ist kein Luxusthema, wie manchmal behauptet wird, kein Thema, das erst dann an der Reihe wäre, wenn alles andere gelöst ist.

Das Thema Tier ist eine elementare Anfrage an den modernen Menschen, an seine Selbsteinschätzung, seine Zukunft mit und unter anderem Leben. Wir sprechen angesichts des Rinderwahns, der Schweinepest, des Nikotins in Legehennenfabriken von der bedrohten Gesundheit des Menschen. Aber empfinden wir auch, was wir der Kreatur angetan haben? Wer denkt an die zehn Millionen Rinder, die dahingeschlachtet werden? Wohlgestaltete, lebendige Wesen, die in tierfeindlichen und artwidrigen Produktionssystemen hochgezüchtet wurden, um dann im Schnellverfahren dem Todesbolzen und der Verbrennung ausgeliefert zu werden?

Nicht allein unsere Gesundheit ist bedroht. Unser Verhältnis zum Leben insgesamt steht zur Disposition. Können wir weiterhin so schöpfungsvergessen wie in den letzten Jahrzehnten mit Kreaturen umgehen, die eine eigene Würde haben und das Recht auf ein tiergerechtes Leben? Können wir langfristig übersehen, daß wir es mit Geschöpfen zu tun haben, die aus der gleichen evolutiven Quelle wie der Mensch stammen?

Geliebte und andere - gequälte, ausgenutzte, getötete - Tiere sind hochkomplexe, gefühlvolle und leidensfähige Kreaturen. Bis in unser Jahrhundert wußte eine bäuerliche Gesellschaft, daß der Mensch den Tieren mit Respekt begegnen muß. Selbst im revolutionären Übergang von den Jägern und Sammlern zu den Ackerbauern und Viehzüchtern vor gut 10.000 Jahren wurde die archaische Ehrfurcht vor dem »Nutztier« nicht vergessen und verdrängt. Gerade aus dieser Ehrfurcht wuchs sehr früh in unserer modernen, viehzüchtenden Zivilisation die Einsicht, daß wir dem nahen tierischen Leben, das in unsere Hand gegeben ist und von dem wir leben, etwas schuldig sind und bleiben.

Die großen Religionen sind ein energischer Versuch, die Schuld des Menschen gegenüber dem anderen Leben, dem Tier, zu bewältigen. Was das Judentum, das Christentum und der Islam an zwiespältiger Besänftigung des schlechten Gewissens hervorgebracht haben, was sie schließlich in einer von ihnen geprägten Zivilisation an Verachtung des Tieres zuließen, kann nicht übersehen werden. Dies gilt auch dann, wenn der Schöpfungsglaube dieser drei Religionen die Ehrfurcht vor dem Leben nie ganz vergessen hat.

Die zwiespältige religiöse Prägung durch die drei monotheistischen Religionen ist in unserer Zivilisation bis heute spürbar. Das vorliegende Buch will jedoch nicht nur das Elend der Kreatur unter der Herrschaft der Kinder und Enkel Abrahams beschreiben. Es will auch die These belegen, daß die drei großen monotheistischen Religionen als entscheidender Nachhall auf die Erfolgsgeschichte der Viehzüchtergesellschaft anzusehen sind. Und daß sich gerade deshalb Religion und modernes Leben auf einen tragenden Ausgangspunkt unserer Zivilisation besinnen müssen: auf einen neuen Respekt vor dem Leben, ohne den der Mensch auch seine eigene geschöpfliche Würde verlieren wird.

Wolf-Rüdiger Schmidt

Wolf-Rüdiger Schmidt

I. Tiere seit 10.000 Jahren in der Hand des Menschen

»Die Armut hier macht Menschen hart gegen die Tiere und gegen sich selbst«, sagt Hassan Sami, der Direktor einer Kairoer Tierklinik. Er ist gläubiger Moslem und schickt seine tierärztlichen Mitarbeiter vom frühen Morgen bis zum späten Abend auf die Straßen und Märkte der ägyptischen Metropole, wo sie verletzte und geschundene Tiere behandeln. Hassan Sami will seinen Landsleuten den respektvollen Umgang mit Schafen und Eseln, Kamelen, Hunden, Vögeln und anderen Tieren nahebringen. Barmherzigkeit zu üben in der Nachfolge Allahs gegen Menschen und Tiere – das ist seine Lebensphilosophie.

Tier und Religion – eine lange Geschichte

Sich seines Viehs erbarmen soll sich der Gerechte, mahnt das »Alte Testament«, die hebräische Bibel. Wie etliche Jahrhunderte später die Muslime, fordern auch die alten Schriften von Juden und Christen einen respektvollen Umgang mit aller Kreatur. Alles ist von Gott geschaffen, wissen die drei großen monotheistischen Weltreligionen Judentum, Christentum und Islam. Alles Geschaffene ist wie ein Spiegel des Schöpfers, und alles Leben hat an der Heiligkeit Gottes teil.

Aber das Ebenbild Gottes, der Mensch, der sich als Statthalter Gottes zu Höherem berufen fühlt und dem der Auftrag zugesprochen zu sein scheint, sich die Erde untertan zu machen, neigt von Natur aus statt zu Barmherzigkeit eher zu Härte, nicht zuletzt im Umgang mit Tieren. Wer sich davon überzeugen will, muß als Tierfreund nur in jene Länder rings um das Mittelmeer reisen, die von jüdisch-christlichen oder moslemischen Traditionen über die Jahrhunderte hinweg geprägt wurden.

Religionen sind nicht vom Himmel gefallen. Und Tiere hinterlassen schon länger ihre Spuren auf diesem Globus als Menschen. Mag es Zeiten in den drei oder fünf Millionen Jahren der Evolution des Menschen gegeben haben, in denen Mensch und Tier als ehrliche Gegner und Partner nebeneinander lebten. Mögen die Früchte der Bäume, die Wälder und Steppen, die Büsche und Gräser dem intelligenten Menschen genügend Nahrung geboten haben, so ist doch die Geschichte des Tötens von Tieren die Regel. Das Töten von Leben reicht über die Ursprünge des frühen Menschen hinaus in die unvorstellbaren Weiten der Vorgeschichte. Aber dieser lange Vorlauf erfuhr eine bis heute ungelöste Zuspitzung, als Menschen vor vielleicht zwölf- oder fünfzehntausend Jahren damit begannen, Tiere in ihre unmittelbare Gemeinschaft aufzunehmen, sie zu züchten und zu pflegen, um sie dann schließlich kampflos zu töten.

Es ist zu vermuten, daß für den sensiblen homo sapiens die Tötung des Lebens von Anfang an nicht ohne Erschütterung verlief. Der Verlust des Blutes, das Aufbäumen und Schreien empfindenden Lebens, schließlich der Todeskampf sprechen eine Sprache, die jeder Mensch versteht. Der Tod des höherstehenden Säugetieres unterscheidet sich nach außen in nichts vom Tod des Menschen. Wer kann und konnte dies übersehen? Die frühen religiösen Reaktionen des Menschen sind im Angesicht der Tiere voller Widersprüche. Das Tier kann Ausdruck der Gottheit sein oder Opfergabe zur Besänftigung des Undurchschauten und Bedrohlichen. Das Tier wird zum Inbegriff magischer Kräfte und kosmischer Schönheit, der Tod des Tieres zum Anlaß von Rausch und ritueller Ekstase. Seit mindestens 30.000 Jahren gibt es Spuren höchster künstlerischer Kreativität, die aus der Faszination und der Ehrfurcht vor dem Tier lebt. Als sich dann vor mehr als 3.000 Jahren jener Glaube an den *einen* Gott herausbildete, der das Judentum und später das Christentum und den Islam zu befragbaren und erfolgreichen Weltreligionen machte, gab es für Homo sapiens sapiens im gerade erfolgten Übergang zu einer ackerbauenden und viehzüchtenden Gesellschaft die Alternative eines gleichgewichtigen und damit paradiesischen Umgangs mit Tieren nicht mehr.

Dies zu akzeptieren, fällt empfindsamen Zeitgenossen schwer. Besonders Tierfreunde, die mit Energie und Recht für einen veränderten Umgang mit Tieren kämpfen, sind gegenüber geschichtlichen

Vorgaben immer wieder ratlos. Warum haben die großen monotheistischen Religionen keine stärkeren Gegenkräfte gegen die tragische Unterwerfung der Kreatur entwickelt? Warum wurde nicht wie im Buddhismus und Hinduismus des Ostens die Schonung des nicht-menschlichen Lebens klarer gefordert und gelebt?

Im folgenden soll spürbar werden, daß die drei großen monotheistischen Religionen durchaus etwas über die Schöpfungsgemeinschaft von Mensch und Tier zu berichten wissen. Ihre Forderung nach Barmherzigkeit und Erbarmen zielt auch auf Gerechtigkeit für die Kreatur, selbst wenn morgen- und abendländische Erlösungssehnsucht in der Regel selten über die Erlösung des Menschen hinausdachte. Zwar wissen wir, daß der uralte Respekt vor dem Leben in der Nüchternheit der monotheistischen Schöpfungsberichte nicht verlorenging; er blieb als permanente Kritik gegen die Selbstverständlichkeiten einer ackerbauenden und viehzüchtenden Gesellschaft gegenwärtig. Dennoch treffen wir immer wieder auf eine enttäuschende Belanglosigkeit, mit der über weite Strecken der Grundkonflikt zwischen Tier und Mensch in diesen Religionen wahrgenommen wird. Vereinzelte Tierliebe großer religiöser Gestalten in dieser Tradition sind kein Gegenargument.

Daß wir Leben sind, das von anderem Leben lebt, ist nicht nur eine Erkenntnis unserer Zeit. Wenn die Tiere im Jonabund zwischen Gott und Mensch miteingeschlossen sind, wenn die Schonung der Tiere und die Geltung der Sabbat-Ruhe für die Kreatur zum Gesetz wird, wenn der Gerechte sich der Tiere erbarmen soll und der im Glauben Gerechtfertigte das Seufzen und Sehnen der leidenden Kreatur hört, wenn der Prophet schließlich den muslimischen Gläubigen einen Lohn für jede gute Tat am Tier verspricht, wird zumindest ein Rest von jenem leidvollen Grundkonflikt erkannt, den Menschen in der Unterwerfung und Tötung von Tieren solange schon empfinden, wie ihnen Tiere unmittelbar nahe sind.

Wo liegen die religiösen und kulturellen Wurzeln unseres modernen, distanzierten Umgangs mit dem nicht-menschlichen Leben? Was wußten die Alten und was haben sie übersehen? Was müßten wir wissen und was könnte sich ändern? Wie formulieren wir realistisch und verantwortungsvoll Maßstäbe zu einem verbesserten Tierschutz aus ethisch-religiöser Sicht und wie gehen wir mit jenen ra-

13

dikalen Protesten um, die aus Verzweiflung und Verbitterung erwachsen und doch so wenig verändern? Und schließlich: Was läßt sich aus dem neuen Wissen von der Evolution des Lebens, der Pflanzen, Tiere und Menschen heute für eine vertiefte religiöse Sicht lernen, und wie läßt sich eine zeitgemäße Ehrfurcht vor dem Leben praktizieren? Treffen sich vielleicht uraltes Wissen von einer Schöpfungsgemeinschaft, zu der wir als Menschen unverrückbar gehören, mit neuesten Überlegungen zu Komplexität und gegenseitiger Bedingtheit des Lebens? Wer komplizierte Fragen stellt, wird gelegentlich von einfachen Aktionen und Positionen überholt werden. Mit Recht. Eklatantes Leid der Kreatur kann nicht warten. Wer langfristig jedoch ein Umdenken und verändertes Fühlen anstrebt, wird sich gewissen Zusammenhängen nicht verschließen dürfen, um in den Tageskämpfen nicht atemlos zu werden.

Millionen Jahre trennen Mensch und Tier

Biologisch gesehen liegen über fünfhunderttausend Generationen zwischen Tier und Mensch. Die Zeit trennt das Leben und schafft immer neue Verzweigungen, Verbindungen und Muster. Natürlich gibt es zwischen Tier und Mensch unterschiedliche Grade der Verwandtschaft und damit auch durchgehende Ungleichheiten. Der Körperbau, wie jeder Schüler weiß, eröffnet bereits die Möglichkeiten, alles Leben in seiner Unterschiedlichkeit bis zu jener Schwelle zu klassifizieren, die zwischen Tier und Pflanze liegt.

Das Staunen über die Tiefen unvorstellbarer Zeitdurchgänge konnte nicht die Einsicht verdecken, daß alles Leben bis hinab zu einer Urzelle im letzten nach dem gleichen Bauplan und mit den gleichen molekularen Bausteinen konstruiert ist. Die alte religiöse Gewißheit, daß alles Leben aus einer Hand kommt, hat in der These von der Verwandtschaft alles Lebendigen in unserer Zeit eine überraschend neue Dimension gefunden.

Weniger überraschend war es, daß zwischen den Säugetieren und dem Säugetier Mensch sehr viel weniger Trennendes liegt, als es die durchsichtigen Interessen des Menschen im Verlauf seiner Kulturgeschichte vermuten ließ. Diese Erkenntnis kann bis heute zu einer tiefen Kränkung des Menschen führen. Die häufig postulierten, gravierenden Unterschiede zwischen Tier und Mensch scheinen sich in der Fülle neuer Beobachtungen der Biologie, der Verhaltensforschung, der Genetik schrittweise aufzulösen: »Alle die früher zu Hunderten ausgesprochenen Antithesen: Der Mensch hat Vernunft, das Tier Instinkt – Homo faber: Der Mensch stellt Werkzeuge her – Homo ludens: Der Mensch spielt, das Tier nicht, und wie sie alle heißen, sind durchlöchert ... Höhere Tiere stellen Werkzeuge her und spielen. Und wenn sie zwar nicht sprechen, so zeigen sie doch unabdingbare Vorstufen und Vorbedingungen unserer Sprache ...«[1] Selbst jene menschlichen Wesenszüge, die allein der Gattung homo eigen sind, genügen nicht, so glauben heute fast alle Forscher im Bereich des Lebendigen, um einen radikalen Wesensunterschied zwischen Tier und Mensch zu postulieren.[2] Was die Gefühls- und Empfindungsfähigkeit betrifft, gibt es ohnehin keinen Zweifel mehr: Tiere erleben und empfinden ähnlich wie wir, sind Stimmungen unterworfen und zeigen »Zuneigung und Ablehnung unter sich wie im Umgang mit uns Menschen«, so der Zoologe Adolf Portmann.[3]

Wie Stimmungen und das Gefühlsleben etwa von Affen und Hunden, Elefanten und Ameisen, Kühen und Fischen zu deuten sind, bleibt allerdings ein Rätsel. Die langen Zeitläufe der Evolution trennen uns unterschiedlich und bleibend, trotz des vielfältigen neuen Wissens von der Tier-Mensch-Verwandtschaft. Und weil die Mißverständnisse allzu nahe liegen, haben zumindest kritische, wissenschaftliche Zeitgenossen stets gewarnt: Was Tiere wirklich empfinden, verschließt sich dem Menschen. Damit ist nicht gesagt, daß Tiere wieder zu dumpfen, in sich verschlossenen Wesen degradiert werden. Wohl aber herrschte bis vor wenigen Jahren noch Skepsis, ob ein allzu direktes Verstehenwollen von Tieren möglich sein könnte. »Über subjektive Vorgänge beim Tier«, so der Biologe und Zoologe H. Audrum[4], »können wir prinzipiell nichts erforschen. Bewußtsein und Persönlichkeit sind uns bei Tieren absolut unzugängliche Erscheinungen.«

Das hinderte so manchen Forscher nicht, etwa bei der Narkose von Versuchstieren vom »Schwinden des Bewußtseins« zu sprechen. Auch die Schmerzfähigkeit hochentwickelter Tiere konnte nicht wirklich geleugnet werden. Ansonsten jedoch hielt man lieber an jener frühen positivistischen Sicht fest, die tierisches Verhalten einzig und allein mit den Begriffen Reiz, Reaktion und Anpassungsvorteil beschreibt. Erbittert hat der Tierpsychologe und langjährige Direktor der Zoologischen Gärten von Bern, Heini Hediger, bis ins hohe Alter dagegen gekämpft, in Tieren lediglich bewußtlose Überlebensmaschinen zu sehen. Es sei einer der großen wissenschaftlichen Irrtümer unserer Zeit, erklärte er, alle Lebenserscheinungen, also auch das Bewußtsein und die Gefühle der Tiere letztlich auf Physik und Chemie zurückführen zu wollen. Hediger glaubte, den Unterschied zum Menschen möglicherweise darin sehen zu können, daß Tiere nicht über ihre Gefühle reflektieren können: »Das Tier weiß um seinen Körper und seine Empfindungen, aber es weiß nicht, daß es dies weiß. Es bleibt beim Tier bei einem primären Wissen, ein Wissen um dieses Wissen kommt ihm im Gegensatz zum Menschen nicht zu.«[5]

Ob und wie der Mensch durch Beobachtung, Vergleich und durch einen Analogieschluß vom Erleben des Menschen auf das Erleben der Tiere zurückschließen kann, um diese besser zu verstehen, ist bis heute strittig. Der Verhaltensforscher Konrad Lorenz wollte durch direkte Beobachtung etwa seiner Hunde bereits 1953 feststellen: »Dem Menschen gegenüber finden höhere Tiere, vor allem Hunde, ganz sicher einen völlig bewußten Ausdruck für ihre Gefühle und Wünsche. Der Hund, der mich mit der Nase anstößt, zum Wasserhahn läuft, die Pfoten auf den Spülstein legt, sich nach mir umdreht und winselt, will mir verständlich machen, daß ihn dürstet, und der Ausdruck, den er für seinen Wunsch findet, ist frei erfunden und nicht ererbte Instinktbewegung.«[6] Für Lorenz war es allerdings fraglich, ob in freier Natur lebende wilde Tiere gleicher Organisationsstufe jemals in ähnlich bewußter Weise zueinander sprechen wie der Hund zu seinem Herrn.

Ungleichzeitig und doch zutiefst verbunden

Das einfühlende Verstehen tierischen Verhaltens ist anfällig für Fehldeutungen. Deshalb haben viele Verhaltensforscher nach zahlreichen Irrwegen der Tierpsychologie zunächst ganz auf die Kategorie einfühlenden Verstehens verzichtet. Aber damit war das Problem des Verstehens von Tieren natürlich nicht gelöst.

Was wissen wir über die Kommunikation zwischen Mensch und Tier? Bereits zu Beginn unseres Jahrhunderts beschäftigten die intelligenten Leistungen eines Pferdes über Jahre hinweg die Phantasie von Tierforschern. Das Pferd eines Herrn von Osten, der »kluge Hans«, konnte angeblich sprechen, rechnen und Späße machen. Tricks waren ausgeschlossen, wie Experten festhielten.[7] Das Pferd, das auf Multiplikations- und Divisionsaufgaben durch Tritte richtig antwortete, hat in öffentlichen Vorführungen seinerzeit Tausende von Zuschauern verzaubert und nachdenklich gemacht. Manchen Wissenschaftlern hat es für Jahre ein unlösbares Rätsel aufgegeben. Tatsächlich, so steht zu vermuten, war der »kluge Hans« nur an Beobachtungsgabe und Reaktionszeit dem Menschen überlegen. Wie das Problem der Kommunikation von Mensch und Tier aber wissenschaftlich zu durchdringen sei, weiß man letztlich bis heute nicht.

Die tierischen Gesprächspartner am Ende unseres Jahrhunderts sind nicht mehr Pferde, sondern Delphine oder Affen. So antwortete der 15jährige Gorilla Koko einem Reporter auf die Frage nach seiner Lieblingsspeise »Champagner«. In ihrem Bericht »Kanzi – der sprechende Schimpanse«[8] behauptet die Forscherin Sue Savage Ruinbaugh, daß Affen die grundlegende Fähigkeit besitzen, eigene satzbauliche Regeln zu finden. Es gelingt der Wissenschaftlerin, Schimpansen Wortgesten beizubringen, die sie mit Sätzen verbinden. In ihrer Arbeit mit Zwergschimpansen, den Bonobos in Zaire, lernt das Schimpansenkind Kanzi an einem Sprachcomputer durch Beobachtung Hunderte von Symbolen anzuwenden. Die Autorin weigerte sich freilich aus Angst, von wissenschaftlichen Skeptikern in die Enge getrieben zu werden, die Stimmungen der Tiere einfühlend zu beschreiben oder ihre emotionale Beziehung genauer mitzuteilen. Ähnlich zurückhaltend sind bekanntlich die großen Primatenforscherinnen Jane Goodall und Dian Fossey vorgegangen, wenn sie ihre phantastischen Erfahrungen mit Primaten vortrugen und die Zuneigung von Tieren beschrieben.

Daß Affen sogar Vorformen ethischen Verhaltens entwickeln können, versucht neuerdings der Verhaltensforscher Frans de Waal nachzuweisen. De Waal, der bereits 1982 in seinem Buch »Unsere haarigen Vettern«[9] exakte Beobachtungen über das Sozialverhalten von Schimpansen vorgetragen hatte, berichtet vom präzisen Gespür von

Affen für richtiges oder falsches Handeln gegenüber anderen Gruppenmitgliedern. Damit sei der erste Schritt getan, »gut und böse voneinander zu trennen«. So kümmert sich zum Beispiel eine Affengemeinschaft um behinderte Jungtiere in besonderer Weise. Trauernde werden getröstet, Schwache verteidigt, Sterbende unterstützt. Viele Tiere haben Feingefühl für Unglück und Übel, die andere Affen erlitten haben.[10]

Noch näher an die Gefühlswelt hochentwickelter Säugetiere wagt sich die Verhaltensforscherin Elisabeth Marshall Thomas. In ihrem Buch »Das geheime Leben der Hunde«[11] sieht sie bereits in Hunden Persönlichkeiten, die zu Trauer und Freude, Erinnerung und bewußter Entscheidung fähig sind. Miska, Maria, Sussi, Fatima und Vivo werden ausdrücklich nicht wie sonstige Haustiere vermenschlicht. Ohne Dressur und doch in der Nähe menschlicher Gemeinschaften, die sie jederzeit langfristig verlassen können, sind sie fähig, mit sich selbst auszukommen. Mag der Mensch für diese Tiere ein wertvolles Gut sein, wenn eine enge Beziehung entstanden ist, so ist derselbe Mensch umgekehrt nur unvollkommen in der Lage, Rangunterschiede, Beziehungsveränderungen, Rückzugsverhalten und ähnliches beim Tier wahrzunehmen. Tiere, die trauern, wenn sie einen Partner verlieren, zeigen, so die Forscherin, in der Freiheit mehr von ihren Gefühlen und Verhaltensweisen als dressierte Hunde. Wie dies alles zu deuten ist, bleibt allerdings auch für die geschulte Beobachterin ungeklärt.

Vermutlich gehört zum unüberschreitbaren Respekt vor dem Leben in seiner Vielfalt das Eingeständnis, daß wir trotz zahlreicher Kontinuitäten eine letzte Grenze zum Tier nicht überschreiten können. Diese Grenze, so denke ich, ist und bleibt zuallererst eine zeitliche Grenze zwischen Tier und Mensch. Aber gerade in ihrer Ungleichzeitigkeit sind Tier und Mensch zutiefst miteinander verbunden, wie die angedeuteten Beispiele zeigen.

Der Mensch, das Spitzenwesen der Evolution

Zwischen Tier und Mensch liegen, biologisch gesehen, Millionen von Generationen – eine Zahl, die sich konkreter Vorstellung entzieht. Zwischen dem frühen, aufrecht gehenden Menschen, Homo erectus, und dem Vorgänger des Schimpansen, der uns verwandt-schaftlich am nächsten steht, liegen allerdings nur maximal eine Million Generationen. Das ist viel, jedoch im Vergleich mit der Evolution des Lebens insgesamt nur ein kleiner Zeitraum.

Um wieviel weiter zurück führt uns bereits die Abspaltung von Pferd, Esel, Schwein und Kaninchen, um nur einige der uns bis heute nahestehenden Säugetiere zu nennen. Fünfundsiebzig Millionen Jahre ist es her, daß ein dem heutigen Spitzhörnchen sehr ähnliches Säugetier mit dem Menschen einen gemeinsamen Vorfahren hatte. Fünfundsiebzig Millionen Jahre, das mögen zehn bis zwanzig Millionen Generationen sein! Aber was sind zehn oder hundert Millionen Jahre verglichen mit dem Alter unseres Globus von über viertausend Millionen Jahren?

Erst drei Milliarden Jahre nachdem sich unser Planet gebildet hatte, entwickelten sich extrem langsam erste, vielzellige tierische Organismen. Vor sechshundert Millionen Jahren, im Erdzeitalter des Kambriums, kam es dann zur explosiven Entfaltung der Tierwelt. Immer neue Körperbaupläne brachte die Evolution im konstruktiven Zusammenwirken bereits vorliegender Systeme hervor, was zu einer verblüffenden Vielfalt der Gattungen und Arten führte. Dieser wunderbare Reichtum bestimmt auch heute noch das Leben auf unserem Globus. Wie konnte es zu dieser Komplexität des Lebendigen kommen? Die Wissenschaftler stehen vor immer neuen Rätseln. So sieht man heute, daß die dramatische Entwicklung zur tierischen Vielfalt nicht kontinuierlich und stetig verlief. Sie erfolgte gleichsam in Sprüngen, um sich dann wie auf einer Plattform jeweils in der Breite zu entfalten. Deutlich wird gerade in letzter Zeit, daß die Wurzeln tierischen Lebens sehr viel weiter zurückreichen als bisher vermutet.

Die heute zuverlässigste Form zur Feststellung von Verwandtschaften im Prozeß der Evolution ist die sogenannte Sequenzanalyse der Nukleinsäuren, aus denen sich die Bausteine des Erbmaterials bilden. Danach wird, sehr vereinfacht, der Träger des Erbmaterials, das Gen einer Art, isoliert und mit dem entsprechenden Gen einer anderen Art verglichen. Da die Gene durch Mutationen im Laufe der Zeit vielfältige Veränderungen durchgemacht haben, mit denen sie sich positiv oder negativ der Umwelt anpassen konnten, driftet das ursprünglich identische Leben im Laufe der Evolution immer weiter auseinander. Die Verwandtschaft von Organismen läßt sich so mit Hilfe der in der Zeit erfolgten Veränderungen des genetischen Materials ablesen.

Was in immer neuen Verzweigungen entsteht, sind einzigartige, neue tierische Arten, die sich im labilen Gleichgewicht der vorgegebenen Umwelt einen Platz suchen müssen. Viele Arten sind so angepaßt, daß sie für Millionen Generationen nahezu unverändert überleben konnten. Das Wissen zum Leben ist als Überlebensinformation im Erbgut der jeweiligen Art gespeichert. Dazu mußte sich Leben zunächst nach innen strukturieren, um mit den Widrigkeiten der Außenwelt lebensförderlich umgehen zu können. Durch radikale Veränderungen in der Umwelt schwindet die Überlebensfähigkeit einer Art, sofern sie nicht von innen heraus flexibel reagieren kann. Dies ist in der langen Geschichte des Lebens das Normale. Immerhin gibt es heute Lebewesen, z.B. bestimmte Schneckenarten, die seit mehr als hundert Millionen Jahren weitgehend unverändert sind. In der für uns überschaubaren Geschichte der Menschheit sind solche Zeiträume unvorstellbar. Die Gattung Mensch ist demgegenüber ein Neuling auf der Plattform der Erde. Er ist in seiner genetischen Ausstattung vielleicht erst seit hunderttausend, höchstens seit zweihundertfünfzigtausend Jahren unverändert. Wenn man mehrere Millionen Jahre zurückgeht, um den genetischen Stammbaum von Mensch und Menschenaffe zu rekonstruieren, zeigt sich heute, daß sich beide nur in einem einzigen Nukleotid unterscheiden. Nukleotide nennt man die molekularen Bausteine, aus denen sich in langen Ketten unser Erbmaterial zusammensetzt. Der Unterschied von einem Nukleotid führt zwischen Mensch und Schimpanse zu einem so erheblichen Sprung in der Evolution, daß damit eine neue Stufe der Geschichte des Lebens eingeläutet wird.[12]

Heute wissen wir, daß der Mensch zum langen Werdegang des Lebens dazugehört. Mag er das Spitzenwesen der Evolution sein, so ist er doch zutiefst eingebunden in den komplexen Prozeß der Entstehung immer neuer Formen und Muster, der seit über drei Milliarden Jahren auf dieser Erde nachzuweisen ist: eine Schöpfung im Werden von der Urzelle über frühe vielzellige Organismen, Fische, Reptilien und Säugetiere bis hin zu Homo sapiens sapiens. Dabei ist die Zeit das eigentliche Geheimnis immer neuer Musterkomplexitäten, die als Leben unableitbar und nicht wiederholbar zu beschreiben sind. Aus einer religiösen Perspektive könnte man die Zeit als das Rückgrat der Schöpfung beschreiben. In und mit und aus ihr entsteht immer Neues und Einzigartiges, auch wenn eins aus dem anderen hervorgeht. Die Evolution ist die Entfaltung der Schöpfung *in* der Zeit, und der Mensch gehört dazu. Daß er als der zur Zeit Letzte, sozusagen als das »Alpha-Tier« der Evolution, eine besondere Verantwortung hat, läßt sich kaum bezweifeln. Weil er sich als erster selbst im evolutiven Prozeß reflektierend wahrnimmt und in Ansätzen heute sogar die ganze Entwicklungsgeschichte des Lebens zu überblicken beginnt, muß unsere Ethik im Umgang mit dem nicht-menschlichen Leben am Ende des 20. Jahrhunderts unabweisbar neu zur Diskussion gestellt werden. Wir können mittlerweile zu viel über uns und das Leben wissen, um uns dumm und unschuldig zu stellen.

Bewundert und gequält

Das 20. Jahrhundert ist auch in ganz anderer Weise zu einem Jahrhundert des Tieres geworden. Noch nie in der Geschichte der Menschheit erfuhr das Tier so viel Aufmerksamkeit wie während der letzten drei oder vier Generationen. Noch nie rückten bestimmte Tierarten so nah an den Menschen wie in unserer Zeit. Trotz der angedeuteten unüberwindlichen Schwellen des Verstehens entfaltet sich heute die Gesamtheit der entdeckten Welt des nicht-menschlichen Lebens in einer großartigen Vielfalt vor dem menschlichen Auge. Die Zoos erleben seit dem Ende des 19. Jahrhunderts eine Blüte. Nahezu alle gesellschaftlichen Schichten erfreuen sich der gewiß nicht unproblematischen Präsenz ansonsten ferner Tierwelten auf begrenztem Raum. Und der Tierfilm ist in der zweiten Hälfte unseres Jahrhunderts zu einer Erfolgskategorie geworden, die das Tier zum erstrangigen Unterhaltungsgegenstand macht.

Aber das 20. Jahrhundert ist auch ein Jahrhundert des Tieres im negativen Sinn. Noch nie in der Geschichte der Menschheit wurden Tiere so sehr zur Ware, zu Dingen, zu Objekten menschlichen Genusses und Verbrauchs wie in unserer Zeit. Und noch nie sind Tiere in so kurzer Zeit und in so großer Zahl durch menschliche Eingriffe aus unseren Ökosystemen verschwunden. Das Tier zum seelenlosen Apparat und zum empfindungslosen Instrument menschlicher Bedürfnisse zu machen, blieb in diesem Umfang nur unserem Jahrhundert vorbehalten. Selbst Teile der Wissenschaft haben sich unter dem Mantel methodischen Zwangs dazu entschlossen, im Tier letztlich nur eine Überlebensmaschine zu sehen, dem wie einem Ding ohne jeden Respekt Ergebnisse und Einsichten abzuzwingen sind.

Überlebensmaschinen und Fleischlieferanten – der vertiefte Blick auf die Verwandtschaft allen Lebens, die Komplexität des tierischen Verhaltens, die Erkenntnisse über Gefühls- und Leidensfähigkeit der Tiere werden in unserer Zeit mehr verdrängt denn je. Nichts bleibt in Erinnerung vom unmittelbaren, menschheitlichen Wissen über das Tier als einem lebendigen Mitgeschöpf, das frühere bäuerliche Gesellschaften bewahrten. So mußten Horrorszenen des Züchtens, Mästens, Schlachtens und Verwertens von Tieren während der letzten Jahre breite Bevölkerungskreise ziemlich unvorbereitet treffen.

Der Preis für ~~den~~ billigen, ~~extensiven~~ Fleischgenuß ist hoch: Weit über vierzig Millionen Schweine, ~~fünf Millionen Rinder, eine knappe Million Kälber~~ sterben jährlich in unserem Land am Fließband. Beim europäischen Hausschwein ~~zum Beispiel~~ lassen die industrialisierten Haltungssysteme nichts von dem zu, was das Schwein ~~als Verhaltensmuster genetisch übernommen hat:~~ das Anlegen eines getrennten, abseitigen Kotplatzes; das Suhlen zum Ausgleich der Körpertemperatur; das Zusammenleben in Rotten unter einer bestimmten Rangordnung; der sorgfältige Bau eines gepolsterten Nestes für die Ferkel; das Spielen und Erforschen der Umwelt – nichts davon ist möglich. Zuchtsauen müssen heute – aus »vernünftigen«, das heißt wirtschaftlichen Gründen – in Einzelhaltung leben, meist ohne Einstreu, ohne Auslauf, angebunden, ohne sich umdrehen zu können. »Zuchtsauen beißen sich aus Langeweile an der Stange den Kiefer wund und kauen stundenlang ihren eigenen Speichel.«[13]
~~Die Leiden der Kreatur sind unendlich. Die Tiere wehren sich durch Trauern und Kannibalismus.~~ Sie fressen ihre eigenen Jungen ~~auf~~ oder ~~knabbern den Leidensgenossen Schwänze und Ohren ab, was zu schmerzhaften Entzündungen führt.~~ Die Ferkelaufzuchtbatterie ist eine der Hühnerbatterie ähnliche dreistöckige Käfiganlage, in der alles vollautomatisch abläuft: »Vorne die Fütterung, unten die Kunststoffplane für den Abtransport von Kot und Harn. In jede

22

Käfigeinheit werden zehn Ferkel zwischen vier und vierzehn Kilo hineingepfercht, wobei jedem Tier ganze 0,116 qm als Lebensraum zur Verfügung stehen. Der Boden aus Lochblech oder Drahtgitter, vollautomatische Heizung und Entlüftung, die für das Wohl der Ferkel sorgen, sind inbegriffen.«[14]

All dies wird noch einmal übertroffen durch das, was seit Ende der 80er Jahre über Tiertransporte bekannt wurde. Die Spezialisierung der Betriebe, die Zentralisierung der Schlachthöfe, Subventionen für lebend exportierte Tiere, insgesamt der seit 1991 uneingeschränkt mögliche freie »Warenverkehr« von Tieren haben zu katastrophalen Zuständen geführt. Wer die Dokumentationen gesehen hat, die Manfred Karremann über Tiertransporte zwischen 1989 und 1996 erstellt hat, muß immer wieder sprachlos werden. Was den Tieren bei Transporten kreuz und quer durch Europa bis zum Nahen Osten mit Billigung der europäischen Kommission, der Landwirtschaftsministerien und der zuständigen Aufsichtsbehörden angetan wird, ist unvorstellbar. 50 Stunden Fahrt ohne Tränkung, bestialische Schläge auf erschöpfte Tiere, erzwungene Sprünge über Verladerampen, schwerste Knochenbrüche, der Weitertransport erheblich verletzter Tiere ohne Behandlung – all das ist keineswegs die Ausnahme. Tiertransporte sind bis heute neben der Käfighaltung von Hühnern und deren industrieller Schlachtung unter rotierenden Messern der größte Skandal unserer europäischen Zivilisation.

Und alles hat offensichtlich »vernünftige Gründe«. Wirtschaftlichkeit zwingt zum schnellen Handeln. 1,3 Milliarden Nutztiere in der Europäischen Union dürfen beim Menschen keine Gefühle aufkommen lassen. Tierschutzgesetze werden als Tiernutzungsgesetze ausgelegt. Die fehlende Gleichbehandlung von Tieren in allen Staaten, zumindest in Europa, erlaubt fast alles, wenn es nur jenseits der Grenzen geschieht. »Fleischproduktion«, freier Warenverkehr, Kastenstände für Schweine, Spaltenböden, wartungsarme Fütterungssysteme, Intensivhaltung usw. – die Erniedrigung des Tieres nimmt kein Ende. Großschlachthöfe schließlich – so empfinden es fast alle, die hinter die Mauern des Schweigens sehen konnten – haben den Charakter seelenloser Tötungsfabriken.

Ein Beobachter schreibt: »Panische Angst erfaßt die Schweine in der Betäubungsbucht. Mit harten Fußtritten muß der Betäuber die Tiere in eine Position bringen, die ihm ein Anlegen der Elektrozange ermöglicht. Das Tier erstarrt förmlich, wenn der Strom durch seinen Körper fließt – für etwa eine halbe Minute. Während dieser Zeit muß es getötet werden. An einer Kette um den Hinterfuß wird es aus der Betäubungsbucht über ein sogenanntes Entblutungsbekken gezogen. Dort hängt es neben seinen Artgenossen und erhält einen Messerstich in die Brust ...«[15]

Was bei Tiertransporten, in Geflügelbatterien, in der Rinder- und Schweinemast geschieht, wie Kälber aufgezogen werden, die stummen Leiden der Fische, die Zuchtmethoden in den modernen Pelzfarmen, all dies erfolgt in einem breiten Ermessensspielraum, den ein wohlklingendes Gesetz (»Niemand darf einem Tier ohne vernünftigen Grund Schmerzen, Leiden oder Schaden zufügen«, § 1 Tierschutzgesetz) nur ungenau regelt, vielleicht auch gar nicht regeln kann. Schnell nähern wir uns in diesem Kontext grundsätzlichen Fragen. Zum Beispiel,

– ob wir überhaupt Tiere in diesem Ausmaß für die Befriedigung menschlicher Bedürfnisse töten und nutzen dürfen;

– wie es denn dazu kommen konnte, daß ausgerechnet unsere abendländische Tradition das Tier so weit und so konsequent aus unserem Mitgefühl ausblenden konnte;

– wer und was uns berechtigt, Tieren zumindest vor ihrer Tötung ein eigenes Leben nach ihren angeborenen Bedürfnissen zu verweigern;

– warum das Christentum keine Ethik für das Tier entwickeln konnte, obwohl es im Übermaß an ethischen Regelungen zwischen Menschen interessiert war und noch immer ist.

Schuld am Leid der Tiere

Es gibt nicht viele in unserem Jahrhundert, die konsequent nach den tieferen Ursachen unseres Versagens gefragt haben. Unübersehbar ist und bleibt *Albert Schweitzer*. Seine bis heute nicht überholte Analyse der europäischen Ethik beginnt mit einem fast rührenden persönlichen Erlebnis des Tropenarztes in Afrika.

1915 fuhr Albert Schweitzer auf einem kleinen Dampfer den afrikanischen Ogowe-Fluß hinauf. Tagelang saß Schweitzer an Deck und versuchte an einem Buch weiterzuschreiben: »Am Abend des dritten Tages«, erzählt er später, »als wir uns beim Sonnenuntergang in der Nähe des Dorfes Igendja befanden, mußten wir an einer Insel in dem über einen Kilometer breiten Fluß entlang fahren. Auf einer langen Sandbank zur Linken wanderten vier Nilpferde mit ihren Jungen in derselben Richtung wie wir. Da kam ich, in meiner großen Müdigkeit und Verzagtheit, plötzlich auf das Wort ›Ehrfurcht vor dem Leben‹, das ich, soviel ich weiß, noch nie gehört und nie gelesen hatte. Alsbald begriff ich, daß es die Lösung des Problems, mit dem ich mich abquälte, in sich trug. Es ging mir auf, daß die Ethik, die nur mit unseren Verhältnissen zu dem anderen Menschen zu tun hat, unvollständig ist und damit nicht die völlige Energie besitzen kann.«[16]

Schweitzers Kurzformel »Ehrfurcht vor dem Leben« erwies und erweist sich bis heute als tragfähig für eine allgemeine Ethik des Lebens: »Leben erhalten, Leben fördern, entwickelbares Leben auf seinen höchsten Wert bringen ...« Der große Fehler aller bisherigen Ethik sei es, daß »sie es nur mit dem Verhalten des Menschen zum Menschen zu tun zu haben glaubte. In Wirklichkeit handelte es sich darum, wie er sich zur Welt und allem Leben, das in seinen Bereich eintritt, verhält. Ethisch ist er nur, wenn ihm das Leben als solches, das der Pflanze und des Tieres wie das des Menschen, heilig ist und er sich dem Leben, das in Not ist, helfend hingibt.«[17]

Damit war eine Perspektive angedeutet. Und es lag ein erster Erklärungsversuch vor, warum ausgerechnet unsere europäisch-christlich geprägte Kultur das Tier so weit und so konsequent aus dem menschlichen Mitgefühl ausblenden konnte. Aber waren es nur die gnadenlosen Folgen einer Religion, die den achtungslosen Umgang mit der Natur und besonders die Mißachtung des menschlichen Lebens verursacht haben, wie es der bekannte Schriftsteller Carl Amery vor über zwei Jahrzehnten nachdrücklich entfaltete?[18]

Um der Wirklichkeit gerecht zu werden, sind einseitige Schuldzuweisungen zu hinterfragen. Hat unser heutiger Mangel an einer Tierethik nicht sehr unterschiedliche Gründe? Zu denken wäre etwa an eine menschheitsgeschichtliche Dimension, die mit dem unumgänglichen Kampf des frühen Menschen gegen die Mächte der Angst, des Schicksals und damit auch der bedrohlichen Macht der Natur zu tun hat. Das wäre die archaische Wurzel. Eine besondere Bedeutung müßte jene Zeit haben, die von dem britischen Historiker V.G. Childe als diejenige der »neolithischen Revolution« bezeichnet wurde: der Übergang von der langen Vorgeschichte des modernen Menschen als Jäger und Sammler zum Ackerbauern und Viehzüchter. Hier könnte – wie ich im folgenden zeigen möchte – ein Grundkonflikt des Umgangs mit Tieren liegen, der in seiner strukturellen Qualität für unser heutiges Verhältnis zum Tier einzigartig ist. Der Mangel hat dann auch noch eine markante religionsgeschichtliche Dimension, die auf dem Hintergrund des Übergangs zur viehzüchtenden und ackerbauenden Gesellschaft im Glauben an den *einen* Gott zu suchen ist. Damit könnte eine Entwertung der Schöpfung eingeleitet sein, auch wenn dies so nicht vorgesehen war. Und schließlich könnte der Mangel eine typisch neuzeitliche Komponente haben. Er könnte mit dem wachsenden Selbstwertgefühl des Menschen zusammenhängen, der sich aufgeklärt und überaus erfolgreich als Krone des Ganzen zu definieren versteht: ein Mensch, der sich dem wissenschaftlich modernen Lebensgefühl verschrieben hat; der sich in seiner Kultur- und Geistesgeschichte aus der Naturgeschichte radikal herauslöst; der als souveräner Manager der Natur entgegentritt.

Wo also liegen die Ursachen? Für den katholischen Theologen Eugen Drewermann, der mit seiner Kirche in tiefem Unfrieden lebt, gibt es nur eine klare Antwort: Schuld am Elend der Tiere in unserer abendländisch geprägten Zivilisation ist die jüdisch-christliche Tradition. Sie hat dem Tier die Seele genommen und es damit an einen Menschen ausgeliefert, der nichts anderes sieht als sich selbst und immer wieder nur sich selbst, auch dann, wenn er sich seiner Erlösung durch Gott vergewissert.

Dem wird man zunächst – leider – nicht allzuviel entgegenhalten können. Ob die Schuld so einseitig und ausschließlich zu definieren ist, wie es Drewermann in seiner prophetischen Erschütterung angesichts abgründigen Tierleides tut, müßte dennoch hinterfragt werden. Im Judentum, Christentum und Islam, so meint er, kreise alles immer wieder nur um den einen Mittelpunkt: »Mensch und Natur sind in den biblischen Religionen einander von grundauf fremd und feindlich, und die einzige Beziehung des Menschen zu seiner ›Umwelt‹ besteht im Erbe des biblischen Denkens, in der Ausbeutung der Natur zur menschlichen Zwecksetzung.«[19] Das Christentum habe die Ausbeutung der Tiere nicht nur nicht eingeschränkt, sondern in einer »besonders rücksichtslosen und gewalt-

26

tätigen Einstellung gegenüber der Natur« sogar gerechtfertigt. Der Grund für alles Unheil liegt nach Drewermann im christlichen Glaubenssatz, »daß der Mensch ein unsterbliches Leben besitzt, während die Tiere nichts sind als verbrauchbares Material zum Nutzen des Menschen als Herren der Schöpfung in Zeit und Ewigkeit«.[20] Drewermann weiß seine Position in vielen Einzelheiten zu entfalten, auch gegenüber der – wie er meint – vorbildlichen Grundhaltung der Hindus und Buddhisten. Insbesondere versucht er in seinem explosiven und leider in der christlichen Theologie viel zu wenig beachteten Plädoyer »Der Krieg und das Christentum« zu belegen, daß die Unmenschlichkeit gegenüber den Tieren auf direktem Wege zur Bestialität im Umgang auch mit Menschen führt.

Tier-Ethik – ein Thema von Randsiedlern

Nun wäre es eigentlich in den großen monotheistischen Theologenschulen unserer Tage an der Zeit, sich mit solchen und ähnlichen Schuldzuweisungen zu befassen. Aber so wenig, wie sich die heutigen Dogmatiker ernsthaft in ihrer Schöpfungstheologie mit der Evolution des Lebens und der erdrückenden Tatsache beschäftigen, daß wir zum gegenwärtigen Zeitpunkt den Tieren offensichtlich noch näher sind als der Ahnung des Menschlichen, so wenig werden Aussagen Drewermanns wie die folgende als produktive Provokation aufgenommen: »Ein wichtiger Beitrag des Christentums (und ebenso des Judentums und des Islam) zum Frieden bestünde in einer vollständigen Revision seiner Einstellung gegenüber der Natur. Aufrichtiges Mitleid mit den Kreaturen zu lernen, müßte die erste Forderung in allen drei biblischen Religionen sein, wenn es ernsthaft darum gehen soll, dem Frieden näher zu kommen.«[21]

Mag es vereinzelt christliche Reaktionen geben, so ist doch eine breitere Diskussion dieser plausiblen Aufforderung zum Nachdenken nicht erkennbar. Stattdessen läßt sich feststellen, daß in einer mehrbändigen, als wegweisend diskutierten protestantischen »Schöpfungstheologie angesichts der Herausforderungen des 20. Jahrhunderts« das Thema »Tier« noch nicht einmal gestreift wird. »Tier-Ethik« bleibt im Christlichen das Thema von Randsiedlern.[22]

Um wieviel bedrängender müßten dann die radikalen Schuldzuweisungen gegenüber dem religiösen Erbe der monotheistischen Religion aus den Federn jener wirken, die nicht mehr im Umfeld einer Religion, sondern vorrangig in dem der Naturwissenschaften stehen. Als Muster einer klaren und kompetenten Anklage wäre der englische Zoologe James Serpell zu nennen, der im deutschen Bereich durch die Übersetzung seines erfolgreichen Buches »In the Company of Animals«[23] unter Biologen, Tiermedizinern, Verhaltensforschern und Tierfreunden gleichermaßen bekannt wurde. Für Serpell beschwor das Christentum »mit der Vorstellung der gottgewollten Überlegenheit des Menschen über den Rest der Schöpfung den äußersten Ausdruck der Schuldabweisung herauf, anstatt eine bescheidenere und verantwortungsbewußtere Einstellung zu Tieren zu fördern«.[24] Unter der Vorherrschaft des Christentums sei selbst der in der Antike noch vorhandene Respekt für die Empfindungen der Tiere vollständig abhanden gekommen.

Die Frage nach den Ursachen stellt sich also dringlich. Was führte zu der christlich-abendländischen Schieflage, der auch die muslimisch geprägte Kultur nicht entkam? Was ermöglichte am Ende die Horrorszenen der industrialisierten Schlachthöfe, überflüssige Tierversuche ohne Respekt vor dem Leben, den Ausfall einer Ethik auch für Tiere? Ist es die von Drewermann festgestellte anthropologische Engführung allein, die Konzentration auf die Unsterblichkeit der menschlichen Seele oder die von Serpell beklagte gottgewollte Überlegenheit des Menschen über alles andere Leben?

Man sollte erneut an Albert Schweitzer denken, der die Ursachen für den Ethikverzicht als komplexen, religiös-philosophischen Prozeß beschreibt. Und man sollte nicht jene antike, griechische Komponente aus dem Auge verlieren, die dem Menschen eine Sonderstellung gegenüber allem anderen Geschaffenen zuspricht. Bereits in der klassischen, vorchristlichen Philosophie könnte das schöpfungsferne Mittelpunktsdenken des abendländischen Menschen angelegt sein. Denn bereits hier ist das Tier in den Dienst des Menschen gestellt, selbst wenn der warme, untergründige Strom des Mitleids und der Barmherzigkeit gegenüber dem Tier auch in Griechenland nie versiegte.

Für die großen griechischen Philosophen Platon und Aristoteles war das Tier zwar mit einer Seele begabt, sei es mit einer begehrenden

oder mit einer wahrnehmenden, nicht jedoch mit einer Vernunftseele. Diese allein mache den Menschen unsterblich. Aristoteles sah
deshalb auch keinen Grund, das Töten von Tieren abzulehnen. Trotz
des untergründigen Respekts vor dem Tier auch im alten Griechenland, war es zunächst die Sonderstellung des mit Vernunft begabten
Menschen, welche die weitere abendländische Entwicklung neben
und mit der biblischen Linie prägte.

Hinzu kam die Tradition des römischen Rechtes. In ihr wurden
bekanntlich Arbeitstiere den Sachen gleichgestellt. Als Sache hatte der Besitzer volle Verfügungsgewalt über das Tier. Tierquälerei
war kein Thema. Die Tierkämpfe in der Zeit der römischen Im-
peratoren belegen eindrücklich, daß ein Empfinden für das Tier
als beseeltes Wesen auf breiter Front nicht vorhanden gewesen
sein dürfte.

Man muß die Denktraditionen gerade des römischen Rechtes beachten, wenn man über die Ursachen der weiteren abendländischen
Tierdegradierung nachzudenken beginnt. Merkwürdig bleibt dennoch, daß die christliche Tradition des Sich-Erbarmens zu schwach
gegenüber dem römisch-hellenistischen Erbe bleibt. Offensichtlich
war die antike Sonderstellung des Menschen als vernunftbegabtem
Wesen zur Synthese mit dem christlichen »Neuen Menschen« sehr
geeignet – geeigneter als urchristliche und jüdische Vorstellungen
von einer leidenden Kreatur und der Hoffnung auf Erlösung alles
Geschaffenen in einer neuen Schöpfung.

In der griechischen Antike gibt es eine bleibend zwiespältige Haltung gegenüber dem Tier. Die Sonderstellung des Menschen hat
das uralte Menschheitswissen, daß Tier und Mensch zu einer gemeinsamen, sinnvollen Ordnung gehören, nicht völlig verdrängt.
So finden sich im Umfeld des klassischen Griechenland und der
dortigen Begründung europäischer Philosophie sogar herausragen-
de Beispiele erster vegetarischer Lebenshaltungen. Die Pythagoräer,
eine griechische Philosophenschule, haben sich im fünften und vierten Jahrhundert vor unserer Zeitrechnung der fleischlichen Ernährung enthalten wie auch die Epikuräer einige Zeit später. Gerade
die Vorstellung von einer unsterblichen Seele, die für das griechische Denken in der Regel die Sonderstellung des Menschen ebenso
begründete wie für die spätere christliche Dogmatik, ließ es zu, eine
Seelenwanderung von Mensch und Tier zu vermuten. So glaubten

die Pythagoräer an eine Wanderung der Seele, lehnten Tieropfer ab und wollten mit Metzgern nichts zu tun haben. Dafür wurden sie von ihren Zeitgenossen verlacht.

Langfristig freilich belebte die pythagoräische Form der Barmherzigkeit gegenüber dem Tier und das Mitleid mit allen Geschöpfen die philosophischen Köpfe der Antike. Der große Sokrates soll fleischlos gelebt haben, auch wenn er in der Tötung der Tiere kein Unrecht sah. Und Platon, der berühmte Schüler des Sokrates, setzte sich für einen ethischen Tierschutz ein. Die Tiere sind aus seiner Sicht durchaus mit dem Menschen verwandt, freilich seien sie nicht so gelungen wie der Mensch, so daß sich der Mensch vom Tier abgrenzen müsse. Die Unsterblichkeit allein der menschlichen Vernunftseele sei Ausdruck dieser Sonderstellung.

Gradlinige Schuldzuweisungen gegenüber dem Christentum bedürfen also der Ergänzung durch andere Zusammenhänge. Dadurch wird nichts entschuldigt, aber manches relativiert. Erst so könnte die tragische, zumindest jedoch schwierige Vorgeschichte auch unseres heutigen Verhältnisses zum Tier klarer gesehen werden. Ich möchte hier die bereits angedeutete These verfolgen, daß schon in der sogenannten neolithischen Revolution der Grundkonflikt Tier – Mensch angelegt ist.

Tiere im Dorf – eine Erfolgsgeschichte seit über 10.000 Jahren

Es mag gut vierhundert Generationen vor uns gewesen sein, daß herumziehende Jäger und Sammler an einigen flachen Berghängen Vorderasiens eine Pflanze entdeckten, die ohne großen Arbeitsaufwand Nahrung lieferte: Wildweizen, dem Grase ähnlich, wächst oberhalb von Tälern und läßt sich immer wieder aussäen. Die Ernte ist mühelos. Vielleicht war Wildweizen eine erste Voraussetzung dafür, daß von Jagdplatz zu Jagdplatz umherziehende Stämme etwas länger als zuvor am gleichen Ort blieben. So gewöhnten sie sich allmählich an das seßhafte Leben, nachdem sie und ihre Vorfahren seit Beginn der Menschheit als geschickte Jäger von großen Tieren und als Sammler von Früchten und Wurzeln ihr gar nicht so kümmerliches Leben bestritten hatten.

Möglicherweise waren es auch klimatische Veränderungen am Ende der Eiszeit, die vor über zehntausend Jahren zu einer gewissen Verknappung ertragreicher Jagdreviere führten. Sicher war das längere Verbleiben an einem Ort nach wenigen Generationen erfolgreicher, sobald gewisse Voraussetzungen der Nahrungsbeschaffung dafür erfüllt waren. Warum gerade vor zehn- bis zwölftausend Jahren jener grundlegende Wandel zum seßhaften Existieren in einer begrenzten Region erfolgte, ist bis heute nicht eindeutig zu klären.[25]

Einmütigkeit besteht unter den Historikern darüber, daß der Beginn der Seßhaftigkeit einer der wichtigsten Schritte in der Menschheitsgeschichte war. Die Belege für den großen Wandel sind zahlreich. Archäologen fanden Tierknochen, Hufabdrücke, Reste von Pflanzen und Samen, Lehmhütten und frühe Dorfanlagen, die jene erste Phase menschlicher Seßhaftigkeit eindrücklich belegen. Bis in die 30er Jahre unseres Jahrhunderts hatte man diese stummen Zeugen einer bedeutenden Geschichtsphase weitgehend übersehen. Vieles wurde weggeworfen, da es einer an repräsentativen Museumsstücken interessierten archäologischen Forschung minderwertig erschien. Nun aber erkannte man, daß die Menschheit nach der Entwicklung der Sprache, der Beherrschung des Feuers und der Befähigung zur organisierten Großwildjagd in die aufregendste Etappe ihrer Geschichte eingetreten war. Man nannte diese Phase die »neolithische Revolution«, die Revolution der Jungsteinzeit. Damit beginnt eine Zivilisation, die erst vor wenigen Generationen endgültig zu Ende gegangen ist.

Vierhundert Generationen vor uns, das sind zehn- bis zwölftausend Jahre, haben Menschen, die uns an Intelligenz in jeder Hinsicht gleichen, im »fruchtbaren Halbmond« den Schritt von den Ungewißheiten und Zufälligkeiten der Jagd hin zu einer geplanten, produktiven Nahrungsgewinnung getan. Das Gebiet um den bewohnten Nordrand der arabischen Wüste könnte nach den vorliegenden Funden der Ausgangspunkt der neolithischen Revolution sein, die sich in einem komplizierten, bis heute nicht ganz nachvollziehbaren Prozeß nach Westen und Osten ausbreitete.[26]

Was sich hier in wenigen Jahrhunderten ereignete, war nicht nur eine Revolution im technischen Sinn, sondern – darüber gibt es keinen Zweifel – eine Revolution im Geistigen und Menschlichen. »Die Preisgabe einer rein jägerischen Einstellung zum fleischspendenden Tier«, so die Einschätzung der Historiker, »ist der Ausdruck einer tiefgreifenden Wandlung der gesamten Lebenshaltung ...«[27] Vorher haben Menschen über Zehntausende von Generationen die umgebende Natur als unabänderlich erfahren. Die natürliche Lebensweise der Tiere galt als selbstverständlich und stabil, auch wenn der Mensch das Tier als Feind und Jagdobjekt genau zu beobachten wußte. Nun aber greift der Mensch in das natürliche Gleichgewicht des Lebens ein und beginnt dieses für sich selbst zu gestalten.

Wenn der vorgeschichtliche Jäger und Fallensteller dem getöteten Tier seine Achtung erwies, dann war es der Respekt vor der Stärke und der Kraft des Erbeuteten. Unübersehbar erinnerten die Tiere den Menschen immer wieder an die anderen unberechenbaren Mächte der Natur; Mächte, die er magisch zu besänftigen suchte, ohne die Lebensrhythmen der Tiere zu berühren. Möglicherweise wurde das Tier vor der Zerlegung geschmückt. Frauen könnten in Wehklagen ausgebrochen sein. Vielleicht waren auch die großartigen Höhlenzeichnungen in Südfrankreich oder Nordspanien lange vor der neolithischen Revolution ein erster Versuch, die Lebenskräfte in der Gestalt der Tiere zu verdichten und zu beschwören. Ganz gewiß aber war die magisch-religiöse Einsicht in die Einheit alles Lebendigen selbstverständliches Grundwissen des Menschen.

Aber nun änderte sich vieles in verhältnismäßig kurzer Zeit. Schrittweise tritt der Mensch aus der Natur heraus. Dem seltenen und unauffälligen Bewohner der Erde gelingt es, in einigen Dutzend Generationen Pflanzen und Tiere seinem Willen zu unterwerfen. Die neolithische Revolution wird zu einer durchgängigen Erfolgsgeschichte – bis heute, und sie wird zu einer »Reise ohne Wiederkehr«.[28]

Die Sanftmut der Schafe

Es ist bezeichnend und faszinierend, daß es zunächst Knochenreste von Schafen und Ziegen sind, die Archäologen in den Abfallgruben frühester menschlicher Siedlungen des Nahen Ostens finden. Noch ist nicht klar, ob die elftausend Jahre alten Überreste von wilden oder von domestizierten Tieren stammen. Zu nahe verwandt sind überdies die Ziegen mit den Schafen, um die Herkunft genau bestimmen zu können. Vieles bleibt gerade in dieser frühen Phase der neolithischen Revolution ungeklärt. Sicher scheint zu sein, daß die Haltung größerer Herden dem Wildweizenanbau vorausging. Auch später noch und bis in die biblische Zeit kennen wir die Halbnomaden mit ihren Herden, die noch nicht dauerhaft seßhaft sind. Ihr Reichtum ist ihr Viehbestand und nicht der Landbesitz.

Der entscheidende Übergang von der Haltung größerer Herden, die lange vor der Seßhaftigkeit als lebendige Nahrungsreserven anzusehen sind, zu zahmen Haustieren vollzog sich offensichtlich zuerst bei den Ahnen unserer heutigen Schafe und Ziegen, den Bezoarziegen und den Schafen der Muflon- und Argali-Art.[29] Um die wilden Tiere an sich zu binden, bediente sich der frühe Dorfbewohner seiner archaischen Fähigkeit zu genauer Tierbeobachtung. Er hatte immer wieder gesehen, daß Schafe und Ziegen mit einem Leittier an der Spitze in Herden leben. Neugeborene Zicklein zeigen eine große Anhänglichkeit an die Mutter. Das Muttertier jedoch läßt sich durch einen Menschen ersetzen, sofern dieser vertrauensvoll und beschützend bald nach der Geburt des jungen Tieres an ihre Stelle tritt. Säugetiere mit Herdentrieb haben sich auf diese Weise vor über zehntausend Jahren in einer gewiß längeren Übergangszeit sozusagen in eigener Vorprogrammierung dem Menschen ausgeliefert.

Sehr schnell muß dem frühen Dorfbewohner die Sanftmut des gerade erst domestizierten Lammes aufgefallen sein. Ziege und Schaf erlebte er als das Gegenbild der feindlichen Tiere. Das waren nicht mehr jene wilden und selbständigen Wesen, deren sich der Jäger und Sammler seit Zehntausenden von Jahren mit List und Verstand erwehren mußte. Die freundlichen Schafe und Ziegen bedrohten niemanden. Als Pflanzenfresser und Wiederkäuer erwiesen sie sich bald in vielerlei Hinsicht als überaus nützlich. Sie leben von kärglicher pflanzlicher Nahrung, die für den Menschen nicht mehr verdaulich ist. Sie liefern Felle, Fleisch und Milch, aus der man irgendwann haltbaren Käse herzustellen lernte.

Es wird sich dem Menschen sehr früh aufgedrängt haben, was er diesen sanften Lebewesen verdankt. Insofern ist es sicher berechtigt, im Schaf das Ursymbol einer radikal veränderten Haltung des

Menschen zur Natur, zu den Tieren, zum nicht-menschlichen Leben insgesamt zu sehen: ein Stück wehrlose, weiche, beseelte Natur, die sich vertrauensvoll dem Homo sapiens sapiens, dem »klugen Menschen« unserer Art anschließt, um sich seinen Bedürfnissen mit Leib und Leben hinzugeben. In den Opferkulten Vorderasiens spielen Schafe und Ziegen deshalb auch eine beherrschende Rolle, über die im folgenden noch einmal genauer nachgedacht werden soll.

Im Übergang zur planvollen Nutzung der Tiere für die eigenen Bedürfnisse mußte der neolithische Dorfbewohner immer wieder sein frühes Wissen zurückdrängen, daß er auch selbst als Mensch unleugbar zum Ganzen des Lebens gehört. Nur wenn er diese uralte, urmenschliche Erfahrung entschärfte, konnte er letztlich dazu fähig sein, effektiver, überlegter, planvoller und instrumenteller mit der Natur und besonders mit den sanften Haustieren umzugehen.

So entfaltet sich in der neolithischen Menschheitsetappe, im Übergang von den Jägern und Sammlern zu den Ackerbauern und Viehzüchtern eine Phase besonderer Intensivierung und Selbstkontrolle. Dies gilt nicht nur für das Verhältnis zur Natur, sondern auch für die innere Beziehung zwischen Mensch und Tier. Respekt und Scheu auch gegenüber dem Haustier bleiben zwar zunächst erhalten. Sie werden jedoch im Vergleich zum gejagten Tier langsam abgeschwächt. Daneben entwickelt sich eine Faszination, die aus der Beobachtung der nahen Tiere, aus der Freude an den lebendigen Reaktionen der Hausgenossen erwächst. Zuwendung und Gefolgschaft der Tiere berühren den Menschen und machen ihn zugleich auf neue Weise nachdenklich.

Ich vermute, daß sich in dieser veränderten Konstellation ein großes ethisch-religiöses Problem nach vorn drängte. Die Wahrnehmung des nahen Tieres machte Antworten auf ungelöste Fragen dringlich. Lösungen, Entlastungen und Befreiungen müssen gesucht werden. Der frühe Ackerbauer und Viehzüchter, der das Vertrauen der Tiere gewonnen hatte, lernt in den neuen Hausgenossen Wesen kennen, die in vielem seinem Leben ähnlich sind. Der Lebensrhythmus, die Art des Fressens und Verdauens, Motorik, Sexual- und Ruheverhalten, Schmerzempfindlichkeit und vieles andere zeigten dem Menschen unübersehbar, daß Tiere wie er selbst einer gleichen Ordnung, einem gleichen Ursprung entstammen müssen. Dies und die Unausweichlichkeit eines Tötens, das nicht im Kampfe erfolgte, sondern aus der Rationalität des Überlegeneren und Stärkeren, muß den Menschen der jungen agrarischen Gesellschaft in einen inneren Konflikt geführt haben, den er allein nicht lösen konnte. Menschliche Aggression, die zum Überleben unausweichlich zu sein scheint, mußte mit Fürsorgepflicht, Mitleid, Altruismus in einen Ausgleich gebracht werden. Schuldgefühle und Dissonanzen verlangten massiv nach Entlastung und nach Vermeidungsstrategien.

Es liegt nahe, daß alle Religionen, die im langen Übergang von der nomadischen und halbnomadischen Existenz zur Seßhaftigkeit ihre Wurzeln haben, für den Überlebenskonflikt der erfolgreichen Viehzüchtergesellschaft rituelle, gedankliche und moralische Lösungen anbieten mußten. Eine unrealistische Lösung, die immerhin den Grundkonflikt am weitesten offen halten konnte, wäre ein Tötungsverbot und der Fleischverzicht gewesen.

Ein die unterschiedlichen Bedürfnisse aufnehmender realistischer Lösungsansatz könnte in der Fortentwicklung der bereits erwähnten Tier- und Opferkulte liegen, auch solcher, die bereits vor der neolithischen Revolution praktiziert wurden. Zu denken wäre etwa daran, daß die großartigen Höhlenmalereien des Paläolitikums, 30.000 Jahre vor unserer Zeit, vermutlich einen Versöhnungskult widerspiegeln. Jäger geben der Natur das magische Bild des Tieres zurück, das man zuvor getötet hat. Als Gegner respektiert, vielleicht als Träger der Macht einer unberechenbaren Gottheit verehrt und beschworen, wird später im Tieropfer der Lebensmacht zurückgebracht, was ihr gehört. Die Gottheit wird besänftigt und der Segen über alles Leben herbeigerufen, um so einen Abglanz der undurchschaubaren, vielleicht zürnenden Macht des Lebens auf die Tiere herbeizuzwingen.

Die Stabilität der Opferkulte und ihre »allgemeine Selbstverständlichkeit«[30] scheinen zu belegen, daß die unterschiedlichsten Opferrituale immer wieder auf einer grundlegenden, moralisch-gedanklichen Dissonanz des Menschen der Agrargesellschaft beruhen. Stets geht es um ein Abwälzen der Schuld, die sich im gemeinschaftstiftenden Charakter der Opferhandlung vollzieht. Das gemeinsame Feiern und das Verspeisen der Opferreste sanktioniert praktisch Fleischgenuß im gottgewollten Lebensvollzug.

Die Ausbreitung der neolithischen Revolution, die vom Nahen Osten ihren Ausgang nimmt, wird uns von der Wissenschaft als komplizierter Prozeß dargestellt. Zwar kommt es schnell zu festen Siedlungsplätzen, schließlich sogar um 7500 v.Chr. zu einem stadtähnlichen Zusammenleben, wie wir es aus Funden des alten Jericho kennen. Aber Zwischenformen und Rückbildungen in nomadenähnliche Gesellschaftsformen sind vielfach zu beobachten.[31]

Welche Rolle die Religion in den ersten Jahrtausenden der Siedlungsgeschichte gespielt haben könnte, ist heute nur schwer zu rekonstruieren. Archäologen haben zwar Tonfiguren und kultische Steine mit rätselhaften Zeichen und Gravierungen gefunden, konnten deren Verwendungszweck jedoch noch nicht erheben. In etlichen Fällen wird es sich um Fruchtbarkeitsidole handeln, in anderen um Kultobjekte magischer Praktiken.[32] Offenbar gab es rings um das Mittelmeer und den Nahen Osten den Kult der »Großen Mutter«. Diese matriarchalische Religiosität[33] hat in den letzten Jahren zu interessanten Diskussionen und Schlüssen geführt. So wird auch gefragt: Ist die Entstehung des Patriarchats identisch mit der Unterwerfung der Tiere?

Die Beweislage spricht aus meiner Sicht eher dagegen. Gefunden wurden in der Tat Figuren, die als Göttinnen beim Gebären gedeutet werden müssen. Vermutet wird, daß die Große Göttin Mitleid mit allem Lebendigen lehrt.[34] Feststeht jedenfalls, daß die Mutter-Figuren nicht aus der voragrarischen Zeit stammen. Sie wurden in den Siedlungen der Jungsteinzeit und der Bronzezeit gefunden, also bei Viehhaltern und Viehzüchtern. Mitleidende Muttergottheiten belegen lediglich die These, daß auch diese frühe Religion den neolithischen Menschheitskonflikt zum Thema hatte. Die Verdrängung der Muttergottheiten durch männliche Gottheiten hängt wohl eher mit dem wachsenden Organisationsgrad der seßhaften Gesellschaften in Kriegführung und Verwaltung zusammen: Fürsten, Kriegsherren und Könige vertragen keine Muttergottheiten.

Auswirkungen der matriarchalischen Religiosität finden sich bis in die geschichtliche Zeit Griechenlands und Roms, die mit Aphrodite und Venus noch vor zweitausend Jahren das Christentum und das Judentum herausforderten. Ansonsten bleibt vieles aus der Zeit des neolithischen Übergangs verschollen. Die religiösen Riten lassen sich nicht mehr rekonstruieren. Möglicherweise könnten bestimmte frühe Gebäude etwa in Jordanien jedoch als Heiligtümer gedeutet werden, die auf jegliche Bildwerke und modellierte Statuetten verzichten. Ob damit auch ein Verzicht auf Fruchtbarkeitsrituale verbunden ist, läßt sich nicht feststellen.[35]

Bei der religionsgeschichtlich weit zurückreichenden Entfaltung des monotheistischen Glaubens, wie in der Frühphase der Geschichte Israels zu erkennen ist, war der Übergang zur vollen Seßhaftigkeit noch nicht abgeschlossen. Besonders die Erinnerung an die Vorgeschichte der verschiedenen israelitischen Stämme bewahrt Grunderfahrungen der neolithischen Revolution auf. Dennoch gibt es in früher biblischer Zeit keine Erinnerung mehr an die Zähmung von Tieren und damit an eine vor-seßhafte Lebensweise. So geht das erste Buch Mose (Gen 2,2) davon aus, daß auch die Haustiere von Gott geschaffen wurden. Dies schließt jedoch nicht aus, daß der beschriebene neolithische Konflikt im Umgang mit Leben ein wichtiger, vielleicht sogar ein elementarer Faktor bei der Herausbildung des frühen jüdischen Glaubens und Empfindens gewesen sein muß. Es ist unbestreitbar, daß der stete biblische Rückgriff auf die »Zeit der Väter« an Elemente einer halbnomadischen Lebensweise erinnert. Damit stellt sich jedoch die Frage nach der besonderen Beziehung zu Tieren, die Besitzern von Kleinviehhorden vor dem Übergang zur vollen Seßhaftigkeit zu Ackerbau und Viehzucht eigen ist.[36]

Die Einschätzung des Tieres in der Lebenswelt des Alten Israel im einzelnen darzustellen, ist eine wichtige religionsgeschichtliche Aufgabe. Mir geht es hier weiterhin und vorrangig um die Frage, woher jene zivilisatorische Schieflage im Umgang mit Tieren kommen konnte, die sich dem genaueren Beobachter schmerzhaft und bleibend aufdrängt. Stimmt es, daß die jüdisch-christliche Tradition der entscheidende Verursacher der »gnadenlosen« Herrschaft über alles nicht-menschliche Leben ist?

Auf die Frage nach einer spezifischen europäischen Schieflage im Umgang mit Tieren kann die bisherige Antwort nur lauten: Die Erfolgsgeschichte der neolithischen Revolution, in der Menschen aus der Natur heraustreten, um mit ihr planvoll und effektiv umzugehen, läuft der Herausbildung der jüdisch-christlichen Welterfahrung voraus. Der Grundkonflikt des ackerbauenden und viehzüchtenden Menschen verlangt jedoch zwingend nach überschaubaren religiösen Regulierungen. Meine Arbeitshypothese heißt deshalb: Die jüdisch-christliche Tradition ist in ihren Ursprüngen entscheidend eine Religion von Viehbesitzern und Viehzüchtern, die in ihrer frühen kultischen Ausgestaltung Antwort auf eine offen gebliebene Frage der späten Seßhaftwerdung des Menschen und dessen Umgang mit nicht-menschlichem Leben zu geben hatte.

Die grundlegenden Abläufe der frühen hebräischen Geschichte sind bekannt.[37] Gegen Ende des zweiten vorchristlichen Jahrtausends taucht zum ersten Mal ein soziales Gebilde auf, das sich aus verschiedenen Stämmen und Stammesgruppen zu einem »Israel« formiert. In einer Region vielfältiger machtpolitischer Bewegungen zwischen den Wüsten und Steppen des Nahen Ostens einerseits und den fruchtbaren Fluß- und Schwemmlandschaften andererseits verliert sich rückwärts die Spur Israels schnell. Seit Jahrtausenden bereits waren einzelne Völker zu Mächten aufgestiegen, die zwischen dem fruchtbaren Niltal Ägyptens und den Ebenen Mesopotamiens die syrisch-palästinensische Kulturlandbrücke beherrschen wollten.

Der Glaube Israels erinnert sich in seinen Erzählungen über die »Zeit der Väter« an das Wanderleben der ersten großen Stammesführer, der Patriarchen und deren Familien. Da viele Geschichten bereits in den Gebieten der späteren Besiedlung spielen, wird man von einer nomadischen Lebensform nur als einem letzten Stadium vor der schließlichen Seßhaftigkeit sprechen können. Mit diesem Seßhaftwerden verbindet sich die Überwindung der bestehenden lokalen Ortsgottheiten durch den Gott der jeweiligen Patriarchen Abraham, Isaak und Jakob. Ob Ortsgottheit oder der »Gott Abrahams, Isaaks und Jakobs«: Immer erklären sich Menschen damit in unterschiedlichen kulturellen Erfahrungen und Bildern das Geheimnis, die Widersprüche und Tiefen des Lebens und ihres Schicksals.

Die Ortsgottheiten, kanaanäische »El-Gottheiten«, auf die Israel stößt, sind Fruchtbarkeits- und Wettergottheiten einer blühenden Agrarregion, in der »Milch und Honig fließen«.

Abraham, Isaak und Jakob waren, so sehen es die Historiker des frühen Israel, Träger selbständiger Gottesoffenbarungen, die sich aus der Nichtseßhaftigkeit der Stämme ergaben: Die Gottheit offenbart sich nicht an einem festen Ort, sondern bindet sich unterwegs an eine bestimmte Persönlichkeit oder an eine bestimmte, gemeinsam erinnerte Erfahrung. Während die Tradition des alten Israel die Herkunft der Patriarchen aus dem Norden und Osten erinnert, also aus dem Bereich der fruchtbaren Euphrat-Tigris-Ebene, hat sich der Glaube an »Jahwe«, dessen Name unaussprechlich ist, als eine südliche Traditionslinie durchgesetzt: »Jahwe, der Gott, der uns aus Ägypten herausgeführt hat.« Damit verbinden sich gut beschriebene Befreiungs- und Wanderschaftserfahrungen israelitischer Stämme, die schließlich mit der Inbesitznahme des »gelobten Landes« enden.

Der Prozeß der jüdischen Traditionsbildung, der auch für das Christentum und die ganze europäische Kultur so bestimmend wurde, ist kompliziert. Feststeht in aller Vielfalt zumindest eins: Die ehemaligen Nomaden und Halbnomaden, die in den Gebirgsketten Palästinas und an den Küstenstreifen entlang des Mittelmeers seßhaft wurden, mußten ein Gleichgewicht herstellen zwischen der Anpassung an die neue Lebenswelt und der Bewahrung ihrer eigenen kulturell-religiösen Erinnerung. Ackerbau und Viehzucht waren für die seßhafte Gesellschaft der bereits dort lebenden Kanaanäer grundlegende Bedingungen des Lebens. Die Heiligkeit von Tier und Land, das »Sanctum«, war dem wandernden Gottesvolk, an das sich die Israeliten später erinnerten, fremd. Seßhaft geworden konnte sich Israel freilich dem heiligen Charakter des Landes als eines Geschenkes ihres Gottes nicht mehr entziehen. Die Frage war nun, ob der Glaube an Jahwe, an den Gott der Patriarchen und den Erretter aus Ägypten stark genug war gegenüber den Erfahrungen einer schöpfungsfreudigen Agrargesellschaft. Konnte der eine, »lebendige« Gott, der sich den Israeliten in Feuer und Ekstase in einem Dornbusch kundtat, der den Wandernden in der Wüste vorauszog und den sie als Befreier aus der Sklaverei in Ägypten deuteten, in einem überaus fruchtbaren Land weiterhin erfahrbar und in Erinnerung bleiben? In einem Land, in dem Tiere als elementare Gabe des Lebens verehrt wurden? »In der

Geschichte des älteren Jahwe-Glaubens«, so erklärte es bereits vor dreißig Jahren der Historiker und Theologe Gerhard von Rad seinen Schülern, sei das Spannendste »dieses Vordringen Jahwes, diese Beschlagnahme von Gebieten, die ihm ehedem fremd waren, dieses Aufgreifen und Ausfüllen kultischer Vorstellungen, die einem ganz anderen Religionskreis angehörten«.[38]

Die zwiespältige Einstellung zum nicht-menschlichen Leben, die fortan das Judentum und später auch das Christentum im Ansatz prägen, stammt ohne Frage aus dieser frühen Zeit der Abgrenzung und Annahme einer agrarischen Erfolgskultur. Daß die hier beschriebene Form eines geschichtlichen Übergangs, die wir nur aus der Erinnerung einer späteren Zeit kennenlernen, exemplarischen Charakter für unsere Zivilisation insgesamt bis heute hat, darf nicht übersehen werden. Genauere Untersuchungen über die Ursprünge unserer ambivalenten abendländischen Einstellung zum Tier müßten hier ansetzen.[39]

Eine vegetarische Erinnerung aus früher Zeit

Doch die Zeit der Abgrenzung gegenüber einer agrarischen Erfolgskultur und der Zurückweisung von Tierkulten, auf die Israel überall bei seinen Nachbarn, besonders aber bei den Ägyptern stößt, erklärt nur einen Aspekt der ambivalenten jüdischen Einstellung zum Tier. Offensichtlich bewahrten früheste Traditionen des alten Israel auch eine unableitbare Erinnerung daran, daß der Mensch mit dem nicht-menschlichen Leben pfleglich und respektvoll umgehen muß, weil beide zur gleichen Schöpfungsordnung gehören.

So kann im Alten Testament, wenn es ums Tier geht, zunächst nur gelten: Je älter die Tradition, desto stärker das Wissen um die Zusammengehörigkeit von Tier und Mensch. Insofern ist es durchaus berechtigt, festzustellen, daß der älteste Schöpfungsbericht der Bibel (Gen 2) vom »Urbewußtsein eines geheimnisvollen Zusammenhangs aller beseelten Kreatur getragen wird«.[40] Im 1. Buch Mose hingegen, im sogenannten priesterschriftlichen Schöpfungsbericht, der sich als zeitlich späterer der Handhabung und erinnernden Weitergabe leichter erschließt, ist das Verhältnis zur Welt und zur Natur wesentlich rationaler beschrieben. Hier steht nun wirklich der Mensch am Ende einer Schöpfungshierarchie vom Niederen zum Höheren: Der Mensch, die Krone des Ganzen, ist von Gott beauftragt zur Herrschaft über alles.

Bereits vor der erinnerungsstarken Abgrenzung gegenüber kanaanäischen Fruchtbarkeitsriten und der unumgänglichen Annahme agrarischer Lebensbedingungen in Kanaan entwickelte sich im alten Israel der kulturprägende Glaube an den *einen* Schöpfer. Der geschichtliche Wüstengott über allen lokalgebundenen, kanaanäischen Gottheiten ist der Eine, der alles überschreitende Gott, und er ist insofern zugleich der Ursprung alles Geschaffenen.

Es läßt sich nicht bestreiten, daß dies religionsgeschichtlich eine großartige Synthese menschheitsgeschichtlichen Wissens ist – auch wenn es den Zwiespalt der menschlichen Existenz vertiefen wird. Geschichtserfahrung und Naturerfahrung finden zueinander, womit eine Entwertung der Heiligkeit des Bodens, der Früchte und der Tiere eingeleitet wird, ohne ihren Schöpfungsbezug zu verlieren. In der unausweichlichen Annahme und eifersüchtigen Abgrenzung entsteht dann allerdings jene Unduldsamkeit, die den monotheistischen Glauben bis heute schmerzhaft auszeichnet. Immerhin hat der geschichtliche Jahwegott die El-Gottheiten lokaler Herkunft nicht verdrängt, sondern nur integriert. Damit wurde der Weg in die europäische Zivilisation von Anfang an spannungsreich.

Die beiden biblischen Schöpfungsberichte in Gen 1 und 2, die erst relativ spät zu einer einheitlichen Schöpfungsgeschichte zusammengebunden werden, geben die komplexe Spannung zwischen Zugehörigkeit und Verbundenheit des Menschen mit der übrigen Kreatur einerseits und der herausragenden Herrscherstellung des Menschen andererseits deutlich wieder. Beiden Berichten gemeinsam ist die Vorstellung, daß Tiere in der Nähe des Schöpfers bleiben, auch wenn sie jede mythische, heilsvermittelnde oder gar göttliche Qualität verlieren. Damit ist ein bewußter Schritt zu einer gewissen Entwertung und zum Abbau der Ehrfurcht gegenüber dem nicht-menschlichen Leben getan. Die sehr frühe Tradition jedoch, wonach der Mensch zur Kreatur gehört, bleibt unwidersprochen.

In den Ursprüngen des jüdischen und später auch des christlichen Denkens läßt sich deshalb immer wieder eine die Mitkreatur schonende vegetarische Linie feststellen. Nach Jahwes Schöpferwillen soll die Nahrung eine pflanzliche sein, heißt es in Gen 1,28-30, dem ersten Buch Mose. Hier spiegelt sich vermutlich die Erfahrung wider, daß der Mensch auch als Pflanzenesser gut leben kann. Eine Erfahrung, die Menschen zumindest in Notzeiten überlebensfähig machte. Wenn dann allerdings wenige Kapitel später der menschliche Zwiespalt als eine geschichtliche Urerfahrung beschrieben wird, hören wir von einem Bund des Noah, in dem die Tiere sich vor dem Menschen »fürchten« müssen. Natürlich ist hier an das Schlachten und Töten gedacht.

Man wird in solchen und ähnlichen Texten die Widerspiegelung der geschichtlichen Realitäten einer Gesellschaft von Viehzüchtern und Ackerbauern zu sehen haben: »Ihr dürft von jetzt ab Fleisch essen, nicht nur Korn, Obst und Gemüse: Tiere gebe ich euch als Nahrung ...« (Gen 9,1-3). Akzente wie diese sind als religiöse Legitimation traditionellen Fleischgenusses anzusehen. Der vegetarische Pfad ist nicht aufgehoben, sondern eher als Erinnerung an eine andere, selten praktizierte Haltung aufbewahrt.

In der Spannung zwischen Fleischverzicht und Fleischgenuß vollzieht sich die jüdisch-christliche Tradition in späterer Zeit. Dabei tritt in der vorgegebenen Gewichtung die fleischfreie und tierschonende Linie merklich zurück. Aber sie ist niemals ganz vergessen. Festzuhalten wäre gegenüber dem vielleicht enttäuschenden biblischen Realismus von Viehzüchtern, daß die Tiere – wie es dem frühen Schöpfungsglauben des alten Israel entsprechen mußte – immerhin in den Bundesschluß mit Noah einbezogen werden. Deren Schutzwürdigkeit bleibt trotz des notgedrungen eingegangenen Kompromisses anerkannt.[41]

Im Tieropfer wird Leben zurückgegeben

Weil Tiere in einer Gesellschaft von Tierzüchtern und Ackerbauern geschlachtet werden müssen, bleibt die Religion dieser Menschen dauerhaft um die Entlastung des Gewissens bemüht. Dies soll noch einmal mit einem Hinweis auf den hohen Stellenwert von Tieropfern im Alten Testament unterstrichen werden.

Wie bereits beschrieben, wird man die Opferung von Leben, von Tieren insbesondere, als Rückgabe der Lebenskraft an die Spendermacht des Lebens verstehen müssen. Die kultische, immer wieder-holte Opferhandlung in Gemeinschaft dient der Besänftigung, Ent-lastung und Vergewisserung, um sich dankbar und versöhnt mit dem zu verbinden, was Leben in der Tiefe letztlich ausmacht. Das Tieropfer setzt ein Wissen von der Einheit des Lebens voraus, das wir aus den frühen Erinnerungen Israels, besonders aus dem älte-sten Schöpfungsbericht Gen 2 kennen. Ein Wissen von der Einheit des Lebens übrigens, das dem modernen Menschen weithin abhan-den gekommen ist. Auf eine für uns nicht mehr nachvollziehbare Weise wird gerade im äußerst exakt ausgeführten und stets erneuer-ten Opferritual der Gottheit etwas dargereicht, was ihr und nur ihr gehört: Leben. Deshalb sind Opfer in der monotheistischen Religi-on auch keine Fremdkörper, die als eher peinliche Last aus unauf-geklärten Zeiten übrigblieben und versteckt werden mußten. Viel-mehr bleibt das Opfer lange das unverzichtbare Entlastungsritual, wenn nicht-menschliches Leben so von Menschen genutzt wird, wie es eine viehzüchtende Gesellschaft nun einmal tun muß.

Tiere erfahren in der Opferhandlung eine hohe Wertschätzung, die im krassen Widerspruch zum neuzeitlichen, instrumentalisierten Umgang mit Tieren steht. Mag uns heute die äußere Seite des Schlachtens und Teilens von Tieren im Ritual des Tieropfers extrem fremd vor Augen stehen. Mögen wir außerdem darüber befremdet sein, daß die Leiden der Opfertiere nie thematisiert werden. Den-noch bleibt das archaisch anmutende Opferritual eine Zone des Respekts und wohl auch des Geheimnisses, das nicht mit unserer modernen Barbarei vergleichbar ist.

Im alten Opfer wird, so denke ich, ein Grundkonflikt des Men-schen rituell abgehandelt, dem er als unausweichliches Mitglied sei-ner bestimmten Kultur- und Wirtschaftsordnung seit Anbeginn ausgeliefert ist. Daß dieser Grundkonflikt allerdings mit dem reli-giösen Angebot der Opferhandlung nicht vollends zu bewältigen war, belegen neben Hinweisen auf die vegetarische Linie auch an-dere Akzente, die in den Traditionslinien des Judentums, des Chri-stentums und des späteren Islam nicht verschwiegen werden.

Dazu zählt zunächst die direkte prophetische Kritik am blutrünsti-gen Opferritual selbst. In dem Buch des Propheten Jesaja (1,11) lesen wir die ungewöhnlich modern klingende Aussage: »Was soll mir die Menge eurer Schlachtopfer, spricht der Herr: Ich habe die

Brandopfer eurer Widder satt und auch das Fett des gemästeten Viehs; auch das Blut der Rinder, Lämmer und Ziegen will ich nicht.« Und Jesus, der jüdische Rabbi, auf den sich das Christentum als seinen Gründer bezieht, hat bekanntlich angesichts des Blutbades beim Opfern im Tempel gerufen: »Ihr macht das Haus des Gebetes zu einer Mördergrube.«

Vermutlich wird damit jedoch nicht der Opferkult als Rückgabe von Leben an den Schöpfergott kritisiert, sondern nur die Veräußerlichung des Opferbetriebes, dem nichts mehr von seiner ursprünglich versöhnenden Elementarität erhalten geblieben ist.

Die prophetische Kritik, die sich früh innerhalb des agrarischen Realismus als Opferkritik bemerkbar machte, trug schließlich zur Abschaffung der Tieropfer bei. Im Judentum gab es nach der Zerstörung des Jerusalemer Tempels im Jahre 70 n.Chr. mit Ausnahme der Tradition der Samaritaner auf dem begrenzten Gebiet des Berges Garizim generell keine Tieropfer mehr; im Christentum wurde das Lamm Gottes zur Versöhnung aller ein für allemal dem einen Gott hingegeben. Mit der Beendigung des Opferns von Tieren war der Mensch gewiß ein Stück näher an einer aufgeklärten Humanität. Ob damit das menschheitliche Dilemma des neolithischen Umgangs mit Tieren eher zugeschüttet denn vermindert wurde, darf zumindest gefragt werden.

Das Tier kennt seinen Schöpfer

Neben den Ritualen des Opferns sollte jedoch nicht jene ältere Linie faszinierender Kreaturfreundlichkeit vergessen werden, die der Entlastung und Besänftigung des Gewissens durch kultische Tötung von Tieren eben nicht bedarf. Es wurde bereits gezeigt, daß der ältere Schöpfungsbericht die Zusammengehörigkeit von Tier und Mensch voraussetzt. Marie Louise Henry hat in ihrer schönen, fast klassischen Arbeit über »Tiere im religiösen Bewußtsein des alttestamentlichen Menschen«[42] darüber hinaus darauf hingewiesen, daß in Gen 2 das Tier Gott nicht ferner sei als der Mensch. Diese kraftvolle religiöse Bewertung des Tieres drängt die Herrscherstellung des Menschen auch gedanklich immer wieder zurück und fügt den Menschen als Kreatur in die gleiche

Schöpfungsposition wie das Tier ein. Nur so sind dann auch jene Stellen der hebräischen Bibel zu verstehen, in denen Gott der Tiere ebenso gedenkt wie des Menschen: »Da gedachte Gott an Noah und an alles Wild und Vieh, das bei ihm in der Arche war« (Gen 8,1). Wird hier nicht eine »letzte und tiefste Verbundenheit zwischen Mensch und Tier ausgedrückt«?[43] Um dies zu bejahen und zu erkennen, ist eine tiefe religiöse Wertschätzung des Lebendigen erforderlich, die auch eine Gesellschaft der Züchter und Schlächter nicht verdrängen konnte.

Ähnlich berichtet Jona (4,11), daß Gott Mitleid hatte in Ninive mit 120.000 Menschen und den vielen Tieren, die er gleich den Menschen erretten will. Ebenso gibt es viele Hinweise, wonach das Tier seinen Schöpfer kennt. M.L. Henry sieht den großen Schöpfungspsalm 104 »erfüllt von dieser Vorstellung, daß auch das Tier auf seine Art von einem geheimnisvollen Zusammenhang mit seinem Schöpfer weiß, daß es gleich dem Menschen in Schrecken und Beglückung die Erfahrung des Numinosen kennt und sich der Macht, von der es sich abhängig fühlt, zuwendet – in einem Sinn freilich, den der Mensch nicht zu deuten vermag, weil ihm die Hintergründe des tierischen Lebens fremd und rätselhaft sind«.[44]

Wenn im 20. Jahrhundert mit einigen Gründen der jüdisch-christlichen Tradition vorgehalten wird, sie habe dem Tier die Seele geraubt, so sollte zumindest die hier vorgetragene Linie nicht vergessen werden. Die Religion der Viehzüchter hat den Respekt vor dem nichtmenschlichen Leben in spannungsreicher, wenn auch verschämter Weise durchgehalten. Das Tier wird nicht zum rechtlosen Objekt degradiert, zum reinen Gebrauchsgegenstand, zum bloßen Organismus. Es bleibt ein beseeltes Wesen, von Gott gewollt und auf ihn ausgerichtet. Gott kümmert sich in der jüdischen Erinnerung um die Ochsen, anders als es Paulus meinte, wenn er fragt: »Kümmert sich Gott etwa um die Ochsen?«, um so mit einem »Nein« als Antwort seine Haltung und diejenige der Urgemeinde zum Vieh vermutlich genauer wiederzugeben, als es manchem lieb ist (1 Kor 9,9). Nicht zuletzt ist es heute unumstritten, daß die den Tieren an jedem siebten Tage verordnete Sabbatruhe (Ex 23,12) zentral aus der hebräischen Tradition kommt. Hier wie auch sonst stehen Tier und Mensch gleichwertig nebeneinander, wenn es um die Wohltaten des Schöpfers geht.

Dennoch bleibt die beschriebene andere Realität der Unterwerfung von Tieren die wirkungsvollere. Sie wird besonders drastisch in Gen 9 festgehalten und muß wegen ihrer Legitimation der gesamten weiteren Entwicklung noch einmal erwähnt werden. Es geht tatsächlich um »Furcht und Schrecken der Tiere« vor den Menschen. Da kann der Hinweis auf eine beseelte Kreatur, auf das gemeinsame Geschaffensein, auf die geheimnisvolle archaische Verbundenheit allen Lebens nur wie eine offene Wunde in einer agrarischen Erfolgsgesellschaft wirken. Das Leiden der Tiere bleibt für jene unübersehbar nahe, denen die Entlastungsrituale und besänftigenden Deutungen der Tradition nicht ausreichen.

Am Ende gibt es dann nichts anderes mehr als jene Hoffnung, die auf Abschaffung und Auflösung des neolithischen Grundkonfliktes in einer messianischen, zukünftigen Zeit setzt. Dann endlich werden Tier und Mensch friedlich beieinander leben, wie es der großartige Text von Jesaja (11,6-8) erhofft: der Wolf beim Lamm zu Gast, Kalb und Löwe nebeneinander, von einem kleinen Knaben gemeinsam gehütet, der Säugling bei der Otter, die Kuh beim Bären: »kein Kampf, keine Furcht, keine Vernichtung unter Lebewesen« – ein Text aus tiefem Leid, das sich des unausweichlichen Zwangs des viehzüchtenden Realismus nicht mehr anders erwehren kann als in der Hoffnung auf Überwindung desselben. Für heute bleibt dann bestenfalls das »Erbarmen für das Vieh« übrig, zu dem in aller Trauer die Viehzüchter in der Spruchweisheit Israels aufgerufen sind – und das ist immerhin etwas.

Die zerbrochene Balance zwischen Respekt und Unterwerfung

So gab es dauerhaft Sand im Getriebe einer viehzüchtenden Gesellschaft, die ihr Schöpfungswissen nicht gänzlich verleugnen wollte und konnte. Bis heute entläßt die Vorstellung einer tieferen, schöpfungsgemäßen Zusammengehörigkeit von Tier und Mensch noch immer so viel Beunruhigung, daß sich Fromme und Nachdenkliche leicht zu einem verantwortlichen, Leid vermindernden Handeln gegenüber den Mitgeschöpfen aktivieren lassen, wenn denn schon Tiere auf der Schlachtbank enden müssen. Dem Menschen, der in fortentwickelter Jagd und routinierter Tierschlachtung zum unbestreitbar gefährlichsten Feind der wehrlosen Kreatur geworden ist, waren bis vor kurzem dadurch Grenzen gesetzt, sofern er sich erinnern ließ.

Aus der Perspektive des heutigen Tierleides und der Frage nach dessen Ursachen läßt sich das frühe Dilemma unserer kulturellen Herkunftsgeschichte nicht verleugnen. Es wäre aber irreführend zu behaupten, der biblische Schöpfungsbericht habe mit der Aufforderung, sich die Erde untertan zu machen, den Grundkonflikt Mensch – Tier erst erzeugt. Dieser Konflikt war bereits, wie angedeutet, vorgegeben.

Eine Verschärfung der neolithischen Schieflage läßt sich allerdings nicht übersehen, wozu die menschlich gestaltete Gottesvorstellung der jüdisch-christlichen Tradition beigetragen hat. Damit wird in einer spezifischen und bis heute problematischen Weise noch einmal der Tier-Mensch-Konflikt – eher ungewollt – vertieft. Wenn der *eine* Gott als »Vater«, »Herr« oder »König« bildlich wie ein Mensch beschrieben wird – auch wenn der Gläubige immer weiß, daß Gott mehr ist, als es menschliche Bilder ausdrücken können –, dann wird nur der Mensch – und nur er allein – als gottebenbildlich gedacht werden müssen. Gottebenbildlich können Tiere dann nicht sein, wenn es bereits der Mensch ist, der sich Gott nach seinem Bilde vorstellt.

So lassen sich die Religionen des Judentums, des Christentums und des Islam in ihrer Einstellung zum nicht-menschlichen Leben entscheidend als ein kräftiger Nachhall auf elementare, emotionale und gedankliche Probleme der menschlichen Seele angesichts der Tötung nicht-menschlichen Lebens verstehen, als ein Reflex auf den unbewältigten Übergang von einem viele hunderttausend Jahre praktizierten Sammeln und Jagen zur Intensivierung der Lebensverhältnisse.

Die monotheistischen Religionen haben aus ihrer besonderen Ursprungsgeschichte dabei eine Erfahrung in den vorgegebenen menschheitsgeschichtlichen Konflikt eingebracht, die den Prozeß der Distanzierung vom Tier beschleunigte, ohne das Tier aus der Schöpfungsgemeinschaft entlassen zu wollen.

Warum eigentlich beschäftigen sich Religionswissenschaft und Theologie angesichts einer überfälligen Neuorientierung des religiösen Naturverständnisses und insbesondere des Tier-Mensch-

Verhältnisses so unentschlossen mit ihrer ambivalenten Tradition? Die Lösungsangebote der monotheistischen Religionen waren selbst unter den Lebensbedingungen von Viehzüchtern immerhin zwei- bis dreitausend Jahre stark genug, den Grundkonflikt Tier – Mensch in der Spannung von Beherrschen und Unterwerfen, partnerschaftlicher Zuwendung und egoistischer Ausnutzung offen zu halten.

Die Balance zwischen Tierschlachtung und Respekt vor dem Leben zerbrach in dieser Zeit nie gänzlich. Dies gilt sogar dann, wenn es gerade im Bereich der abendländischen Kultur immer wieder zu bestialischen Tierquälereien kam, deren Gewissenlosigkeit nachdenklich und verzweifelt werden läßt.[45] Die agrarische Gesellschaft insgesamt jedoch hielt das Wissen vom Leben wach, auch wenn sie sich zugleich damit abzufinden wußte, daß wir Leben sind, das offensichtlich von anderem Leben leben muß.

Deshalb konnte sich neben den religiösen Distanzierungsritualen seit Jahrtausenden im bäuerlichen Alltag ein bis heute nachklingendes praktisches Distanzverhalten entwickeln, das gefühlsbetonte Beziehungen zu Tieren nicht förderte, sondern eher mied. Tiere sind und bleiben Tiere, so sagt man dort, seit man Schafe und Rinder züchtet, kennt und schlachtet. Tiere dürfen deshalb auch der Erlösung nicht teilhaftig werden. Den Tieren im religiösen Koordinatensystem eine unsterbliche Seele zuzusprechen, war im Ablauf einer Erfolgsgeschichte nicht opportun.

Daß Tiere eine Seele haben, wurde dennoch dort überall um so leidenschaftlicher vertreten, wo Menschen Sensibilität gegenüber dem Geschaffenen bewahrten. Dann war es sowohl für philosophisch-religiöse Überlegungen wie auch für die unmittelbare Begegnung geradezu zwingend, dem Tier eine dem Menschen vergleichbare Beseeltheit zuzusprechen. Bereits vor zweitausend Jahren, in den Jahrhunderten vor und nach der Zeitenwende, gab es neben den erwähnten biblischen Erinnerungen in unserer europäischen Vorgeschichte vielfältige Bemühungen, den Tieren zwar keinen menschlichen Geist, wohl aber seelische Qualitäten zuzuschreiben. Zur christlich verschämten Sensibilität gegenüber dem Geschaffenen gehört dann auch der Hinweis des Apostels Paulus auf das Seufzen und Sehnen der Kreatur – eine ziemlich folgenlose Einsicht, wie wir wissen.

Durch den zunehmenden Verlust der agrarischen Balance im Umgang mit Tieren erkennen wir heute den alten neolithischen Konflikt schärfer und ungeschützt. Wir haben komfortabel mit ihm gelebt, auf Kosten der Tiere. Nun aber werden uns – sofern wir sehen wollen – die Augen geöffnet. Im Verschwinden der alten religiösen und alltagspraktischen Distanzkultur rücken uns die Tiere drastisch näher, so daß wir entweder entschlossen wegsehen oder umdenken müssen. Gefühlsorientierte Beziehungen zu lebendigen Lebewesen auf engstem Raum erschließen erschütternde Einsichten in die naturgeschichtliche Nähe von Mensch und Tier. Das Erschrecken darüber, was der Mensch dem Tier antut, wird nicht mehr in Religion und Kultur abgefangen. Vermeidungs- und Entschuldungsstrategien greifen nicht mehr. Um dem nackten seelischen Druck zu entgehen, muß Tierleid nun immer tiefer in jene isolierten Orte abgedrängt werden, die dem direkten Zugang verwehrt sind.

Aber die menschliche Maßlosigkeit läßt sich nicht ohne öffentliche Spuren ausleben. Das Elend der Kreatur beginnt sich zu rächen. Hielt der Respekt in früheren Zeiten manches im Lot, so scheinen wir heute dazu befähigt, über die Tötung und Züchtung hinaus jede Art von Manipulation am tierischen Leben zugunsten menschlicher Wünsche zu praktizieren. Sind Hormone im turbo-gemästeten Kalbsschnitzel, Salmonellen im Masthähnchen, Tiermehl, das an vegetarisch lebende Rinder verfüttert wird, Nikotin im Hühnerei, Antibiotika im Puter bereits das Ende der Entwicklung? Auf Schweinepest und Rinderwahn werden andere Katastrophen folgen.

Wo schließlich sind die Maßstäbe und Grenzen, wenn neue Lebewesen aus den Genen unterschiedlicher Arten nur für menschliche Bedürfnisse in Laboren zusammengebaut werden? Die wissenschaftliche Neugier in ihrer bedenkenlosen Eigendynamik verstärkt den Trend zum Ausbrechen aus einer lang eingeübten Balance. Gegenüber den objektivierenden, alle Lebensvorgänge auf die Chemie und die Physik zurückführenden Naturwissenschaften erweist sich selbst der Hinweis auf eine verpflichtende Schöpfungsgemeinschaft allen Lebens als stumm und offensichtlich vorgestrig. Die Heftigkeit der modernen Tierschutzbewegung ist Ausdruck des zerbrochenen Gleichgewichtes. Die Dämme scheinen nun nicht mehr zu halten.

Als Gegengewicht bietet sich das eine oder andere an, ohne daß es bis heute wirklich tiefgehend zu einer Korrektur der neolithischen Schieflage kommen konnte: So nimmt zum Beispiel der Appell an die *Ehrfurcht vor dem Leben* das archaische Wissen der Menschheit auf, womit zumindest eine erste neue und unüberspringbare Marke aufgerichtet ist. Die Forderung nach *Gerechtigkeit für Mensch und Tier* setzt voraus, daß es eine Spannung von Gleichheit und Ungleichheit zwischen Mensch und Tier gibt. Damit sind zumindest realistische Antworten zu komplizierten Konstellationen des modernen Tierschutzes möglich.

Darüber hinaus wird *Barmherzigkeit* als eine alte religiöse und prophetische Tugend gegenüber der Härte und Grausamkeit ungebremster menschlicher »Tier-Vernutzung« und Tierausbeutung angemahnt. Damit wird ein Stück jener tiefen emotionalen Depression aufgefangen, die wache Menschen im Blick auf das Elend der Tiere in unserer Zivilisation empfinden. Auch erweist sich der Begriff der *Schöpfungsgemeinschaft* und der *Mitgeschöpflichkeit* selbst in einer säkularisierten Gesellschaft als brauchbar, da er das gleiche Ziel wie Albert Schweitzers Appell an die »Ehrfurcht vor dem Leben« in einer eher moralfreien, beschreibenden Weise wieder aufnimmt.

Endlich sind jene radikalen Lösungsvorschläge zu erwähnen, die mit einer klassischen Schrift zum Thema *Tierrechte* bereits Ende des letzten Jahrhunderts ihren Anfang nahmen. Dort hatte Henry Salt erste wichtige Anstöße zur tierethischen Diskussion unserer Zeit gegeben.[46] Der amerikanische Vertreter eines »Rechtes für Tiere« bezieht sich auf das damals durch Charles Darwin bekanntgewordene evolutionsbiologische Wissen um die nahe Verwandtschaft aller empfindungsfähigen Lebewesen. Tiere als Individuen sind für Salt Selbstzwecke, nicht nur Zwecke und Mittel für den Menschen. Deshalb haben sie ein Recht auf die Freiheit zur natürlichen Entwicklung ihrer Individualität. Salt hat daraus vielfältige Konsequenzen gezogen, so beispielsweise die Ablehnung schmerzhafter Tierversuche oder die Verteidigung des Vegetarismus.[47]

Der australische Philosoph Peter Singer bezieht sich auf Salt, wenn er fordert, gleiche Leiden und gleiche Freuden unabhängig von der jeweiligen Artzugehörigkeit bei Mensch und Tier gleich zu werten[48] Dagegen wird in Deutschland heftiger Widerspruch erhoben. Man befürchtet aus den Erfahrungen mit der Euthanasie, daß Singers Position den menschlichen Lebensschutz besonders gegenüber Behinderten abbaue.

Schließlich wäre in diesen kurzen Hinweisen der Schweizer Philosoph Jean-Claude Wolf zu nennen[49], der ebenfalls in der Tradition von Salt und Singer steht. Wolf bemüht sich um eine widerspruchsfreie, zusammenhängende Tierethik. Anders als Peter Singer möchte er nicht auf Kosten schwacher und unterprivilegierter Menschen argumentieren, sondern in der Beseitigung gesellschaftlicher Ungerechtigkeiten das Individualwohl der Tiere, zu denen dann auch der Mensch gehört, herausstellen.[50]

All diese Versuche sind als Reaktion auf ein zerbrochenes Gleichgewicht anzusehen. Wo Dämme brechen, müssen an vielen Stellen Rettungsversuche unternommen werden. Die Ansätze dazu sind mittlerweile so vielfältig, daß spezielle Archive eingerichtet werden müssen, um die zahlreichen Aktivitäten zu dokumentieren. Manche Positionen sind so radikal, daß sie bereits als »fundamentalistisch« diskreditiert werden. Um einen Tierschutz in realistischer Weise zu vertreten, wird man in der Tat die Komplexität der Fragestellung zu berücksichtigen haben.

Tierschutz und stammesgeschichtliches Erbe

Es sind verletzte menschliche Seelen zunächst, die gegen das Leid der Tiere in Menschenhand aufschreien. Aber es waren auch immer vernünftige Gründe, die den Tierschutz stützten. Wer langfristige Lösungen anstrebt, muß auf gesetzliche Maßnahmen hinarbeiten, die von einem breiten gesellschaftlichen Zuspruch mitgetragen werden. Und dies geht nur mit Argumenten.

Eines der stärksten Argumente gegen ein verändertes Verhältnis zum Tier scheint die stammesgeschichtliche Perspektive zu sein. Alles war schon immer so, heißt es. Die uralte Praxis des Jagens, Züchtens, Mästens und Schlachtens gehöre zu unserem Wesen und rechtfertige tiefste Eingriffe in tierisches Leben bis hin zur Umkehrung der Evolution. Selbst Schweinepest und Rinderwahnsinn als Folge der Totalvernutzung von Tieren werden so bestenfalls zu Unfällen, nicht zu grundsätzlichen Anfragen.

Das stammesgeschichtliche Argument wiegt schwer. Man kann feststellen, daß selbst unter aktiven Tierschützern diese Perspektive lieber übersehen wird, manchmal auch aus Angst vor allzu akademischen Diskussionen. Aber der Blick auf die Vorgeschichte ist unvermeidlich. Seit jenen frühen Ahnen, die wir »homo australopitecus« nennen, gibt es eine spezifisch menschliche Geschichte mit Tieren. Seit dieser Zeit über die unvorstellbaren Strecken von Hunderttausenden von Jahren bis hin zu unseren näheren Verwandten in der Steinzeit gibt es vielfältige, gewiß sehr plastische, angepaßte Verhaltensweisen, die ganz unterschiedlich zu deuten sind. Der Übergang zu den Viehzüchtern vor über dreihundert Generationen und die religiösen Entlastungen sind ebenso wie die Bewahrung eines archaischen Schöpfungswissens in den monotheistischen Religionen Anpassungen des veränderungsfähigen Kulturwesens Mensch. Nur wer die lange Perspektive in den Tierschutz integriert, wird dauerhaft in einer fortschreitenden Zivilisation zugunsten des Schutzes von Tieren argumentieren können.

Die langen geschichtlichen Entwicklungsphasen könnten sonst zum unüberwindlichen wissenschaftlichen oder auch populären Argument gegen eine neue Einstellung zum Tier werden. Wer die Erfolge der menschlichen Vorgeschichte im Kampf gegen Hunger, Angst vor der Natur, Leid und Knappheit völlig übersehen möchte, setzt sich dem Vorwurf der Verweigerung jeden Fortschritts aus. Bereits heute versuchen Gegner eines vernünftigen Tierschutzes den neolithischen Grundkonflikt Tier – Mensch als gegeben und damit normbildend darzustellen. Die Vertreter uneingeschränkter wissenschaftlicher Freiheit bei Tierversuchen und die Interessierten an einem weitgehend ungeregelten Umgang mit nicht-menschlichem Leben vermuten hier das populärste Argument für ihr unkontrolliertes Tun. Die Hinnahme des geschichtlich Gegebenen soll alles weitere, was sich eine Industriegesellschaft zukünftig noch mit Tieren einfallen läßt, »mit vernünftigen Gründen« sanktionieren: die Automatisierung der Ausbeutung der Tiere, stellvertretende Leidübernahme der Tiere für den Menschen, Eingriffe vielfältiger Art bis zur Manipulation des Erbgutes im Interesse eines vermeintlichen Fortschritts, die Akzeptanz der Tatsache, daß »Tiere damit rechnen müssen, von 75%

der Menschen gefressen zu werden«.[51]Der Mensch – so ist zu hören – hat nun einmal »die Lebensrechte der Tiere von Anfang seinen Lebensrechten untergeordnet«.

Gegenüber dem normbildenden Gewicht des stammesgeschichtlichen Erbes muß deshalb besonders darauf hingewiesen werden, daß es seit Beginn der ackerbauenden und viehzüchtenden Gesellschaft keine Zeit gab, in der dem Menschen der Zwiespalt seines Verhältnisses zur Welt der Tiere nicht bewußt war. Die Verdrängung alles nicht-menschlichen Lebens durch den Menschen ist seit der Intensivierung unseres Naturverhältnisses zwar eine unbestreitbare Tatsache. Aber darf damit unser weiteres Verhalten als normiert und vorprogrammiert gelten? Auch die Verhaltensforschung liefert kein vernünftiges Gerüst zu unserem sittlichen Verhalten. Und ebensowenig ist die scheinbar natürliche Qualität von Ranghierarchien in der Tierwelt eine wissenschaftliche Rechtfertigung für autoritäre Gesellschaftsordnungen.

Gefragt werden muß immer dringlicher, was dem Tier auf der Höhe unserer Zivilisation und damit auf der Höhe unseres Wissens vom Leben zugemutet werden kann und was nicht. Und gefragt werden muß auch, ob unser Verhältnis zum Tier jenen Maßstäben und Erwartungen entspricht, die wir gegenüber uns selbst notwendigerweise aufrechterhalten müssen, wenn wir nicht in tiefe Menschenverachtung zurückfallen wollen. Schließlich drängt sich die Frage auf, ob ein bedenkenlos ausbeutendes Verhältnis zum nicht-menschlichen Leben den zukünftigen Generationen, unseren Kindern, nicht zunehmend den Boden entzieht, auf dem sie allein sinnvoll existieren können.

Ohne Fleisch glücklich?

Wer sich mit den Tieren in unserer Zeit zu beschäftigen beginnt, steht also schnell vor allzu vielen Fragen. Plausible, überzeugende Antworten sind manchmal schwierig. Der Wunsch nach einem konsequenten Leben und einer widerspruchsfreien Argumentation, wie er gelegentlich von engagierten Tierethikern und entschlossenen Tierschützern geäußert wird, erfüllt sich nur selten. Massive Interessen leiten das Fühlen und Denken, um sich scheinbar gute Argumente für eine zwiespältige Praxis zu suchen.

Die Gewohnheit des Fleischessens ist sicher die stärkste Kraft gegen eine Neubewertung des Tier-Mensch-Verhältnisses. Wer an diese Frage rührt, könnte schnell verzagen. Oder er wird radikal. Beides sollte im Interesse eines machbaren und durchsetzungsfähigen Schutzes von Tieren vermieden werden.

Dennoch ist an dieser Stelle kein Ausweichen möglich. Die alltägliche Gewohnheit des Fleischgenusses ist für fast alle hier angesprochenen Probleme der Dreh- und Angelpunkt. Zunächst könnte es so aussehen, als wäre eine mehrere hunderttausend Jahre alte Geschichte der Tötung von Tieren nicht mehr hinterfragbar. Als sei der Fleischgenuß moralfrei. Sieht man etwas genauer hin, wird es ziemlich dünn mit den Gründen zur Verteidigung des Verzehrs von Fleisch in unserer Zeit. Selbst die populäre Überzeugung, der Mensch sei nun einmal als Mitglied der großen Freßgemeinschaft des Lebens zu nichts anderem fähig, hat wenig Gewicht. Der Mensch ist zu allem fähig. Wie zu allen Zeiten müssen auch heute Millionen von Menschen auf Fleisch verzichten. Und nicht selten hat diese Fähigkeit in Krisen überlebensfähig gemacht. Aber es geht nicht primär um Verzicht, sondern darum, was uns in unserer Zeit entspricht und dient.

Unabhängig davon, daß ich in den vorausgegangenen Argumenten bemüht war, die heute von keinem archaischen Respekt mehr gebremste Totalvernutzung von Tieren zur Befriedigung menschlicher Bedürfnisse anzusprechen, drängt sich darüber hinaus die Frage auf, ob wir in der Geschichte der Evolution als natürliche Fleischesser vorgesehen sind oder nicht. Sind wir nicht eher kulturelle Fleischverzehrer? Hat sich der Mensch mit einem Gebiß, das kaum auf das Reißen und Kauen von Fleisch ausgerichtet ist und mit einem Darm, der in seiner Länge viel besser mit Pflanzenkost auskommt, das Töten von Tieren letztlich nicht über die Jahrhunderttausende angewöhnt? Unsere nächsten Verwandten im Tierreich, die Schimpansen, leben in der Regel mit Pflanzen und kleinen Insekten nicht schlecht. Es ist wohl eher unsere Intelligenz, die uns zum Töten und Verspeisen von Tieren befähigt, trotz höchster körperlicher Verletzbarkeit und schwacher konstitutioneller Ausstattung zum Kampf mit anderen Lebewesen. Unsere Intelligenz befähigt uns, anderes Leben zu jagen und zu fangen, in Gruben zu locken und Abhänge hinunterzutreiben. Wir sind zu gemeinsamer Organisation fähig, um weit überlegenen Lebewesen in der Großwildjagd das Leben zu nehmen. Auch wenn dies alles seine menschheitsgeschichtliche Zwangsläufigkeit haben mag, so fragt sich Homo sapiens sapiens nachweisbar seit Jahrtausenden, ob dies alles seine Richtigkeit habe. Ob nicht doch die systematische Tötung von Tieren, die wir schätzen, kennen oder fürchten, ein Irrweg sein könnte.

Bereits die Frage nach der Berechtigung des Fleischgenusses war lange Zeit ein unerhörtes Tabu – trotz der spürbar sinkenden Bereitschaft, eigenhändig Tiere zu töten. Nichts kann selbst unter Freundinnen und Freunden mehr Verstimmung und fassungslosen Eifer erregen als die Aussage »Ich esse kein Fleisch«. Aber das Klima ändert sich. In Deutschland sollen bereits eine Million Menschen Vegetarier sein. Der durchschnittliche Fleischkonsum ging von 1988 bis 1995 erneut um acht Kilogramm auf 62 Kilogramm jährlich zurück. Fleischkonsum gilt als nicht in jeder Hinsicht gesund. Schweinepest und Rinderwahnsinn scheinen bessere Argumente für den Verzicht zu sein als religiös-philosophische, ökologische oder politische Gründe.

Mit bestechender Konsequenz, der sich zumindest Tierfreunde oder religiös orientierte Menschen kaum entziehen können, hat Volker Elis Pilgrim seinen empfindsamen Zeitgenossen »Zehn Gründe, kein Fleisch mehr zu essen« vorgetragen. Stimmt es doch: »Fleischvertilger leben vom täglichen Sterben ihrer Nächstverwandten.«[52] Und stimmt es nicht auch, daß die Tierbehandlung zum Angelpunkt unseres Überlebens werden könnte? »Die Rohheit dem Tier gegenüber macht uns stumpf. Die Stumpfheit läßt uns unachtsam mit Pflanzen und Elementen umgehen, nach deren Vernichtung und Beeinträchtigung – Waldsterben, Luftverpestung, Bodenvergiftung, Wasserverunreinigung – unser Leben beendet sein wird. Langfristig hat die ›Rache‹ des Tieres eine unausweichliche Wirkung: Tod aller Menschen.«

Trotz einer wachsenden Vegetarier-Gemeinde und trotz des veränderten Klimas im Zeichen von Rinderwahn und Schweinepest scheint mir der Ruf zu einer total veränderten Lebenspraxis durch Verzicht auf Fleischgenuß mittelfristig noch wirkungslos zu verhallen. Natürlich, viele einzelne müssen diesen Weg gehen, und viele bilden eine Bewegung. Viele, die sich zunächst zu einem spürbar verminderten Fleischverzehr entschließen, andere, die den radikalen Bruch riskieren. So werden wir zivilisatorisch, d.h. auf dem Hintergrund unserer menschheitsgeschichtlichen Prägung durch lange Zeiträume hindurch, auf längerfristige Transformationen setzen müssen. Es kann keine total neue Gesellschaft geben, ohne daß wir wissen, wohin mit der alten. Unsere Zerrissenheit jedoch, unsere zwiespältigen Gefühle, ja unsere kulturell-religiöse Ambivalenz muß uns zunächst bewußt werden, selbst wenn wir noch nicht zu konkreten Verhaltensänderungen fähig sind. Aber wir sollten wissen, daß der Mensch trotz kultureller Gewohnheiten zum Fleischverzicht ohne Risiken befähigt ist; daß wir stammesgeschichtlich als »Allesfresser« ohne das Schlachtvieh leben können. Daß zumindest die deutliche Reduzierung unseres Fleischverbrauchs dem einzelnen und der Ökologie unseres Planeten spürbar gut tut.

Insgesamt könnte aus der wahrgenommenen Dissonanz der Verhältnisse unsere Bereitschaft wachsen, wenigstens den verbesserten gesetzlichen Schutz von Tieren zu fordern und politisch mitzutragen. Bis zu diesem Punkte wird allerdings das zwiespältige und beunruhigte Gewissen vorzudringen haben. Angesichts der Größe des Problems ist das freilich nur ein kleines, allererstes Muß.

Das »Kulturwesen Mensch« bleibt Teil der Natur. Wer sich auf die Problematik der Tiere in unserer Zivilisation einläßt, wird also an vielen Punkten zunächst vieles zu lernen haben. Dazu zählt nicht nur die Erkenntnis, daß Tier und Mensch mehr gemeinsam haben, als sie trennt. Auch die hier vorgetragenen Perspektive einer tiefen, kulturell-religiösen Prägung unseres Verhaltens gegenüber dem nicht-menschlichen Leben muß bewußt werden. Hinzu kommt die elementare Erfahrung aller Zeiten, daß uns im Tier etwas begegnet, was das Geheimnis und – wenn man so will – Wunder jeden Lebens, auch des menschlichen, widerspiegelt. Mag sein, daß diese Komponente dem modernen Menschen zunächst eher verschlossen ist. Ich glaube dennoch, daß die Energie der modernen Tierschutzbewegung nicht primär aus der Empörung über das menschliche Tun, sondern mehr noch aus der Quelle der Bewunderung von Tieren intensiv getragen wird. Die Wahrnehmung des Tieres in seiner Komplexität, Hintergründigkeit und Schönheit, in seiner letztlich unbeschreiblichen Vitalität, in der geduldigen Leidensfähigkeit und in seinem selbstverständlichen, lustvollen Dasein hat eine so grundlegende Dynamik, daß sie ab einem bestimmten Punkt nur als eine religiöse zu definieren ist.

Insofern sind die Formel Albert Schweitzers »Ehrfurcht vor dem Leben« und seine These »Wir sind Leben, das leben will, inmitten von Leben, das leben will« keineswegs überholt.

Der Mensch bleibt ein Vetter der Tiere

Eine moderne Ethik für das nicht-menschliche Leben, die unsere Zerrissenheit hinnimmt, die auf Widerspruchsfreiheit verzichtet und komplexe Zusammenhänge im Tierschutz bündelt, wird dann aber doch die Entheiligung, die »Ent-Sakralisierung« unseres Verhältnisses zum Tier voraussetzen müssen. Insofern ist die Forderung des Philosophen J.C. Wolf nach einer Tierschutzethik ohne »die Heiligkeit des Lebens« nicht unberechtigt. Ent-Sakralisierung war Teil der Ent-Ängstigung des menschlichen Weltverhaltens, die damals vor vier- bis fünfhundert Generationen einen so mächtigen Schub nach vorne bekam. Entheiligung, so meine ich, erlaubt uns, das Tier auf eine neue Weise zusammen mit dem Wissen unserer Zeit in unser Bewußtsein und Handeln zurückzuholen, mit allen Konsequenzen.

Die Tiere gehören zur Geschichte des Lebens wie der Mensch. Wir bleiben die Vettern der Tiere, besonders nahe den hochentwickelten Säugetieren verwandt. Wenn das Wissen unserer Zeit über die evolutive Nähe von Mensch und Tier vorausgesetzt werden kann, werden wir als Zweig der biologischen Evolution auch unsere Kultur- und Bewußtseinsgeschichte als einen Teil der Naturgeschichte anzusehen haben. Dann jedoch gibt es im Blick auf die Mitnatur, die Mitkreatur Tier nur eine Alternative: Entweder wir unterwerfen weiterhin das Tier unserer Herrschaft und Ausbeutung bis zu jenen Grenzen, an denen wir gentechnologisch eine neue Kreatur entwerfen, um sie noch besser ausnutzen zu können. Oder wir orientieren uns an jenem evolutionären Erfolgsspiel, das aus religiöser Perspektive durchaus auch als das große Schöpfungswerden anzusehen ist: ein Werden, das über mehrere Milliarden Jahre in einem hoch konstruktiven Zusammengehen komplexer Faktoren zu immer neuen Ordnungsstrukturen geführt hat. Dann gilt: »Die Natur ist nicht eitel genug, um sich an den Menschen als einen Spiegel zu klammern, in dem allein sie ihre eigene Schönheit sehen kann. Sie wird den Menschen vielmehr wie alle anderen Spezies vor ihm, die sich nicht erfolgreich ins kreative Plussummen-Spiel der Schöpfung einklinken konnten, einfach langfristig aus der Evolution entlassen« – so Hans Peter Dürr, Direktor des Max-Planck-Institutes für Physik in München.[53]

Über notwendige gesetzliche Forderungen und konkrete Schritte hinaus müßte die Grundfrage nach unserer Mitkreatürlichkeit also lauten: Verstehen wir uns weiterhin als Teil der Evolution des Lebens und verhalten wir uns unter den Gesetzen der Evolution verantwortlich, oder sehen wir uns primär als Kulturwesen im Gegenüber zur Evolution? Eine Ethik, die sich als aufgeklärte »Ehrfurcht vor dem Leben« entfaltet, wird im strengen Sinne den Respekt und die Schonung der übrigen Kreatur bei allen weiteren Entscheidungen und gesellschaftlichen Entwicklungen herausstellen müssen. Die »Pflicht zur Mitnatürlichkeit«, wie sie von einer ethisch orientierten Naturwissenschaft heute durchaus gefordert wird, bleibt als Achtung der Kreatur und Ehrfurcht vor dem Leben im weitesten Sinne vernünftig. Sie respektiert die Gesamtevolution des Lebens – soweit wir sie kennen – als unumstößliche Rahmenbedingung. Wird diese beachtet, kann über alles Weitere diskutiert und entschieden werden. Die Alternative zur Mitkreaturlichkeit wäre der fortgesetzte Kampf gegen die Natur, gegen die Biosphäre, gegen die Tiere und deren Recht, ein Leben mit eigenen Zwecken zu leben. Ein Kampf, der den Menschen zwar in Segmenten außerordentlich erfolgreich werden ließe, ihn jedoch auch, wie vielfach erkennbar, zum Verlierer machen könnte.

Das evolutive Weltverständnis kann sich in seiner paradigmatischen Kraft mit dem alten religiösen Wissen von einer Mitgeschöpflichkeit produktiv berühren. Das deutsche Tierschutzgesetz von 1986 hat sogar den Begriff »Mitgeschöpf« übernommen. Damit klingt in einer säkularen Gesellschaft eine ungewöhnliche Dimension an. Im Detail sind die Konsequenzen aus der Mitgeschöpflichkeit allerdings noch enttäuschend.

Ob sich die konkreten Schritte zu einem humaneren Umgang mit Tieren und zu einem verbesserten gesetzlichen Schutz der Tiere in Menschenhand mehr auf den alten Schöpfungsglauben der drei monotheistischen Religionen beziehen oder eher auf die Plausibilität der modernen evolutiven Lebenssicht, ist nur vom Ergebnis her zu beurteilen. Es geht um die grundlegende Verbesserung des Mensch-

Tier-Verhältnisses. Auch ohne theologischen Bezug kann und muß eine aufgeklärte, moderne und artübergreifende »Ehrfurcht vor dem Leben« in jedem Fall ein integraler Orientierungspunkt der tier-ethischen Verständigung sein.

Einige ethische Konsequenzen

Um Konkretionen nicht auszuweichen, die sich aus einer aufge-klärten »Ehrfurcht vor dem Leben« ergeben, möchte ich zusam-menfassend noch einmal einige Aspekte festhalten:

1. Tiere haben eine eigene Würde und eigene Lebensrechte, die nicht von den Lebensrechten des Menschen abgeleitet werden kön-nen. Das eigene Lebensrecht fordert eine Behandlung durch den Menschen, die das andere Leben fördert, pflegt und den Respekt vor dem nicht-menschlichen Leben an keinem Punkt aufgibt. Insbesondere gilt es im Verhältnis von Tier und Mensch, Leiden, Schmerz und Qual jeglicher Art zu vermeiden.
2. Das Prinzip der Leidensverminderung grenzt jegliche Versuchs-anordnung mit Tieren extrem ein. Es verändert die derzeit im Tierschutzgesetz vorgesehenen Ausnahmeregelungen, sofern sie nur eine gewisse Vernünftigkeit für sich beanspruchen. Es zwingt darüber hinaus zu einer radikalen Veränderung der derzeitigen industriellen Schlachtung, die in hohem Maße ohne ausreichen-de Betäubung erfolgt.
3. Die gegenwärtig vorliegenden gesetzlichen Konkretionen eines am Begriff der Mitgeschöpflichkeit orientierten Tierschutzes sind unter dem Gesichtspunkt der Würde und des eigenen Lebens-rechts des Tieres ausnahmslos zu überprüfen, in vielen Fällen sogar als Täuschung zu durchschauen und in weiten Teilen we-sentlich zu verschärfen.
4. Wenn die evolutive Nähe von Mensch und Tier konkretisiert wird, bedeutet dies, daß uns Tiere nur sehr begrenzt und aus-nahmslos begründet als Nutz-tiere zur Verfügung stehen. Die Entwertung des Tieres zur bloßen Sache, die uns grenzenlos und herrschaftsförmig untergeordnet ist, muß als eine schwerwiegende Fehleinschätzung unserer Position im Kontext des Lebens ange-sehen werden.

5. Massentierhaltung, massenhafte Tiertransporte und industrielle Schlachtung bedürfen strengster Auflagen. So müßten bei der Massentierhaltung die Bedürfnisse der jeweiligen Art nach Bewegung, Nahrung, generativem Verhalten und Geselligkeit spürbar verbessert und garantiert werden. Dies heißt de facto, daß so gut wie alle heutigen Massentierhaltungssysteme zurückzuentwickeln oder aufzuheben sind. Beim Tiertransport, dem zur Zeit größten Skandal in Europa, muß es zu einem Verbot der Lebendtransporte kommen, sofern sie über den nächstgelegenen Schlachthof hinausführen. Es muß politisch die Gleichbehandlung von Tieren in allen Staaten angestrebt werden. Nur strengste Kontrollen können die mannigfaltigen Verletzungsmöglichkeiten und die strukturell vorgegebene Tierquälerei verringern und ausschließen. Ganz besonders ist die industrielle Schlachtung grundlegend zu verändern. Die heutige Praxis der Betäubung gewährt nur in begrenztem Umgang Schmerzfreiheit bei der Tötung.

6. Die Grundaussage »Ehrfurcht vor dem Leben« wird nicht in jedem Falle eine vegetarische Lebenshaltung zur Folge haben müssen, wiewohl für viele Menschen Fleischverzicht die einzig mögliche Verhaltensänderung angesichts des massenhaften Tierleids darstellt. Insgesamt sollten wir allerdings wissen, daß unsere Gattung auch ohne Fleisch gesund und gut leben kann. Gesellschaftspolitisches Ziel muß jedoch die radikale Verminderung des Fleischverbrauchs sein, insbesondere die Aufhebung des Billigfleischverbrauchs im großen Stil, womit die Bereitschaft verbunden ist, einen angemessenen Preis für Fleisch aus tiergerechter Haltung zu zahlen. Um dies zu erreichen, muß es verbindliche Haltungsrichtlinien für ein tiergerechtes Leben geben.

7. Das Verhältnis des Menschen zum gequälten und mißbrauchten Tier in einer komplexen Industriegesellschaft wird sich nur grundlegend ändern, wenn zweierlei geschieht: Es muß einerseits öffentlich sichtbar und diskutierbar werden, was wir »Tieren als Ware« in der Massentierhaltung, beim Transport, bei der Schlachtung und bei Tierversuchen antun. Die Schmerzgrenze und die Verdrängungsbedürfnisse dürfen dabei nicht zur Richtschnur unserer Wahrnehmung werden. Nur wo durch tiefes Erschrecken unsere uralte Sympathie zum nicht-menschlichen Leben und

unsere ursprüngliche Wahrnehmung der Tier-Mensch-Nähe aktiviert werden, sind grundlegende Veränderungen möglich. Andererseits wird auch eine hochentwickelte Industriegesellschaft, die ein sehr instrumentalisiertes Verhältnis zum Leben insgesamt hat, im Tier ein Stück jener Unerklärlichkeit des Lebens zurückholen müssen, ohne die auch der Mensch nicht leben kann.

Deshalb möchte ich am Schluß gegen alle Bedenken doch fragen: Gehen wir wirklich zu weit, wenn wir »die Kategorie des Heiligen« (Hans Jonas) wieder auf die Welt der Tiere beziehen? Wer die prinzipielle Heiligkeit auch des Tierlebens nicht achtet, könnte am Ende auch den Menschen und sich selbst in seiner Würde und seinen eigenen Rechten nicht verstehen. Dies wäre mehr als ein Rückfall in die Barbarei. Es wäre in der Tendenz das Ende einer artübergreifenden Humanität.

Anmerkungen

1. Otto Koehler, Die Aufgabe der Tierpsychologie, Darmstadt 1968.
2. Hierzu Lexikon der Tierethik, Art.: Mensch-Tier-Vergleich, G.M. Teutsch, Göttingen 1987.
3. Adolf Portmann, Haben Tiere eine Seele?, in: G.M. Teutsch, Da Tiere eine Seele haben ..., Stuttgart 1987.
4. H. Audrum, Biologie – Entdeckung einer Ordnung, München 1975.
5. Heini Hedinger, Tiere verstehen, München 1984, S. 42.
6. Konrad Lorenz, Verständigung mit Tieren, Zürich 1953.
7. Hierzu: Heini Hedinger, a.a.O., S. 112ff.
8. S. S. Ruinbaugh, Kanzi – Der sprechende Schimpanse, München 1995.
9. Frans de Waal, Unsere haarigen Vettern, München 1983.
10. Frans de Waal, Good Natured, The Origin of Right and Wrong in Humans and Other Animals, Cambridge/Mass. 1995.
11. Elisabeth M. Thomas, Das geheime Leben der Hunde, Hamburg 1995.
12. Friedrich Cramer, Der Zeitbaum, Frankfurt 1994; Carsten Bresch, Zwischenstufe Leben, Evolution ohne Ziel, Frankfurt 1983; Josef Reichholf, Das Rätsel der Menschwerdung, Frankfurt 1993.
13. Eine genaue Dokumentation zum Thema findet sich bei Wolfgang Bittermann und Franz Josef Blank, Zeitbombe Tierleid, Wien/Frankfurt 1990.
14. A.a.O., S. 103.
15. Manfred Karremann, Verdrängtes Tierleid, in: Wolf-Rüdiger Schmidt, Leben ohne Seele?, Gütersloh 1991.

16. Albert Schweitzer, Die Ehrfurcht vor dem Leben, Grundtexte aus fünf Jahrzehnten, München 1994, S. 20. Zu Albert Schweitzers Ethik: Ders., Kultur und Ethik, München 1990, bes. S. 328ff.

17. Günter Altner hat in seinem Buch »Naturvergessenheit: Grundlagen einer umfassenden Bioethik« (Darmstadt 1991), Albert Schweitzer in seinem völlig uneingelösten Ethik-Verständnis für unsere Zeit herausgearbeitet.

18. Carl Amery, Das Ende der Vorsehung. Die gnadenlosen Folgen des Christentums, Reinbek 1972.

19. Eugen Drewermann, Der Krieg und das Christentum, Regensburg 1982, S. 189.

20. Eugen Drewermann, Über die Unsterblichkeit der Tiere, Olten 1990.

21. Eugen Drewermann (1982), S. 194.

22. Eine wichtige Ausnahme ist der Band »Gefährten und Feinde des Menschen«, hg. von Bernd Janowski u.a., Neukirchen 1993.

23. Der deutsche Titel lautet: Das Tier und wir – eine Beziehungsstudie, Zürich 1990.

24. A.a.O., S. 209.

25. Siehe hierzu z.B.: Jonathan N. Leonard, Die ersten Ackerbauern, Reinbek 1977; Hermann Müller-Karbe, Geschichte der Steinzeit, München 1974; Stuart Biggott, Vorgeschichte Europas, München 1977.

26. Hierzu S. Biggott, a.a.O., S. 72ff.

27. H. Müller-Karbe, a.a.O., S. 55.

28. James Serpell, a.a.O., S. 176ff.

29. S. Biggott, a.a.O., S. 72ff.; H. Müller-Karbe, a.a.O., S. 55 und S. 86.

30. J. Serpell, a.a.O., S. 207.

31. Siehe: Vorgeschichte, Fischer-Weltgeschichte, Band 1, hrsg. von Marie H. Alimen u.a., Frankfurt 2995.

32. Jonathan N. Leonard, a.a.O., S. 117ff.

33. Gerda Lerner, Die Entstehung des Patriarchats, Frankfurt/New York 1995.

34. Joseph Cambell, Die Kraft der Mythen, Bilder der Seele im Leben der Menschen, München 1994, S. 190ff.

35. Jonathan N. Leonard, a.a.O., S. 119.

36. Bernd Janowski/Ute Neumann-Gorsolke, Haustiere und Arbeitstiere, in: B. Janowski, a.a.O., S. 62; außerdem Josef Schreiber, Der Herr hilft Mensch und Tier, in: B. Janowski, a.a.O., S. 221.

37. Vgl. hierzu z.B. Siegfried Herrmann, Geschichte Israels, München 1973; zum folgenden auch Gerhard von Rad, Theologie des Alten Testamentes I/II, München 1961; Antonius J.J. Gunneweg, Biblische Theologie des Alten Testamentes, Stuttgart 1993.

38. G. von Rad, a.a.O., S. 34.

39. Unter einer etwas anderen Fragestellung verfolgt das Thema aus seiner Sicht nur das von Bernd Janowski herausgegebene Buch.

40. Marie-Louise Henry, Das Tier im religiösen Bewußtsein des alttestamentlichen Menschen, in: B. Janowski, a.a.O., S. 25.

41. Günter Altner, Naturvergessenheit: Grundlagen einer umfassenden Bioethik, Darmstadt 1991, S. 89f.

42. Zunächst veröffentlicht 1958, jetzt bei B. Janowski, a.a.O., S. 20ff.

43. So der Alttestamentler H. J. Boecker, »Du sollst dem Ochsen ...«, in: B. Janowski, a.a.O., S. 75.

44. M. L. Henry, a.a.O., S. 46f.

45. Eugen Drewermann (1982), a.a.O., S. 186ff.

46. Zum Thema »Tierrechte«: Gotthart M. Teutsch, Mensch und Tier, Lexikon der Tierschutzethik, Göttingen 1987, S. 171.

47. Hierzu: Jean-Claude Wolf, Tierethik, Freiburg/Schweiz 1992.

48. Peter Singer, Befreiung der Tiere, München 1982.

49. Siehe hierzu auch den folgenden Abschnitt.

50. Auf J. C. Wolfs Argument, Tierethik benötige nicht die Vorstellung von der »Heiligkeit allen Lebens« und sei ohne Religion begründbar, möchte ich später noch einmal zurückkommen.

51. So ein Diskussionsbeitrag auf einem Symposion über tierärztliche Aufgaben im Tierschutz im Januar 1996 in Berlin.

52. Volker Elis Pilgrim, Zehn Gründe, kein Fleisch mehr zu essen, Frankfurt 1995, S. 23.

53. Hans-Peter Dürr, Spiegel 1996/5, S. 154.

Hanna Rheinz

II. »Und schont die Seele der Tiere«
Tier und Tierschutz im Judentum

Es kennt der Bewährte die Seele seines Viehs.
Sprüche 12,10

Wer in jüdischen Wohnvierteln in London oder New York flanieren geht, braucht nicht zu fürchten, in mehr oder weniger auffallend plazierte Hinterlassenschaften vierbeiniger Spaziergänger zu treten. Auch beim Kaffeeplausch in jüdischen Familien wird man nur selten von dazwischenmaunzenden, knurrenden oder pfeifenden Familienmitgliedern unterbrochen (liebenswerte Ausnahmen freilich bestätigen auch hier die Regel).

Anders als in Manhattan, wo sich noch im engsten Apartment gleich mehrere stattliche Labradore oder Neufundländer versammeln und in der Dämmerung en groupe vom eigens engagierten Dogwalker bewegt werden, fallen auf der andere Seite des Hudson die Bezirke Williamsburg oder Crown Heights in Brooklyn durch den gänzlichen Mangel an Hunden und anderem Getier auf. Wo ein Hund läuft, wohnt vermutlich ein Domestik, folgern die Einwohner, deren Kinder so manchen sehnsüchtigen Blick auf jene Vierbeiner werfen, die sich doch nur so selten in die Wohnviertel der Frommen verirren.

Daß der wohl älteste Tierschutzgedanke der Welt ausgerechnet in den Fünf Büchern Mose propagiert wird und heutzutage Hand in Hand geht mit einer eher heimtierfeindlichen Einstellung, vor allem unter orthodoxen Juden, ist nur eine der Paradoxien, die den Umgang vieler Juden und Israelis mit Tieren kennzeichnet.

In Deutschland ist die Ablehnung der Heimtierhaltung unter Juden zuweilen sogar durch die Geschichte motiviert. Der deutsche Tierschutz ist unlöslich mit dem Bild der Shoah verbunden, als Deutsche Schäferhunde in Konzentrationslagern patrouillierten und von SS-Wachmannschaften auf jüdische Kinder gehetzt wurden. Während ausgemergelte, dem Hungertod nahe Gefangene gezwungen wurden, menschenunwürdig um Brotkrumen zu kämpfen, erhielten die Hunde – artgerecht – zur Belohnung eine Sonderration Fleisch.

Als ich vor Jahren die Beziehung zwischen Mensch und Tier psychologisch untersuchte, wurde dies von jüdischen Freunden mit allerlei ironischen Bemerkungen quittiert, galt mein Thema doch als zutiefst unjüdisches Unternehmen. Sarkastische Bemerkungen der Art »Wie kann man als Jude sich nur für so etwas interessieren, Tierliebe ist doch typisch deutsch« waren an der Tagesordnung. Vergessen die unzähligen Vorbilder, Tierliebhaber wie der berühmte Baal Schem Tov, Begründer des Chassidismus, der weltliche Sigmund Freud, Martin Buber, oder die Tier- und Menschenfreundin Erna Graff. Vergessen auch die differenzierte Seelenlehre des Chassidismus, wie von Joseph Soloveitchik beschrieben, mit ihren unverzichtbaren Erörterungen der Tierseele, Erkenntnisse, die sich freilich kaum auf den wirklichen Umgang mit Tieren ausgewirkt haben.

Vollends suspekt wurde mein Treiben, als ich in eine »Ethik-Kommission zur Beratung von genehmigungspflichtigen Tierversuchen« berufen wurde. Da zur gleichen Zeit radikale Tierschützer in München eine Anti-Schächtkampagne starteten und in Nacht- und Nebel-Aktionen Plakate mit Aufschriften wie »Für jüdischen Glauben bluten Tiere qualvoll aus« an die Synagoge und Litfaßsäulen klebten, wurde jegliche Äußerung über Tiere und Tierschutz von meiner Seite, egal ob schriftlich oder mündlich, mit eisiger Ablehnung beschieden. Seither weiß ich, wie sich ein Cherem, ein Bannfluch, anfühlen muß, wenn er im sozialen Umfeld stattfindet.

Tiere – ein jüdisches Tabuthema? Nicht überall. In den USA engagieren sich jüdische Menschen unterschiedlichster Herkunft und Ausbildung für eine Wiederbelebung der spezifisch jüdischen Tradition des Tierschutzes, wie er in der Torah beschrieben ist.

Kein Buchstabe der Torah darf verändert werden. Diese Grundforderung der Orthodoxie zu erfüllen, der Gegenwart und den hier und heute lebenden Menschen mit ihren Problemen jedoch gleichermaßen gerecht zu werden, stellt eine Herausforderung dar, die nicht zu bewältigen ist durch Flucht vor der Moderne und Ausweichen in Fundamentalismus und Vergangenheitsnostalgie.

Neue Denkansätze, der Spagat zwischen Gesetzestreue und Moderne, sind jedoch nur dann tragfähig, wenn sie auf soliden Kenntnissen, lebendiger Jüdischkeit und Respekt vor den Traditionen beruhen.

Wie reichhaltig die jüdische Tierschutztradition ist, macht der folgende Exkurs in die Welt der Torah deutlich.

Tier und Torah: Tierschutz in Gottes Wort

Tiere mit Gesichtern, Tiere, in deren Antlitz sich Seele spiegelt, deren Augen vor Empfindsamkeit leuchten. Menschen- und Tiergesichter, die ineinander verwoben, verschlungen erscheinen. Besser als Worte beschreiben die Bilder von Marc Chagall, dem großen Maler des Chassidismus, das innige Verhältnis, das Juden zur Welt der Tiere hegen. Der Chassidismus ist freilich nur eine Richtung im Gebäude des Judentums, und so zeigt auch das Bild des Tieres im Judentum viele Facetten.

Fleisch, eine wichtige Proteinquelle, das Töten von wilden Tieren sicherten das physische Überleben und waren eine Möglichkeit, Macht und Ansehen in der Stammesgemeinschaft zu erlangen. All dies umschreibt nur einen Aspekt der Aufgaben, die Tiere in früheren Zivilisation zugewiesen wurden. Darüber hinaus erfüllen Tiere bis zum heutigen Tag symbolische und rituelle Aufgaben.

Zum Beispiel die Akeda mit dem Widder als Stellvertreter des Menschen. Ein Kind soll um des Gehorsams vor Gott willen geopfert werden. »Da ging Abraham hin und nahm den Widder, und brachte ihn zum Opfer statt seines Sohnes.« (Gen 22,13) Das Tier wird geopfert in Stellvertretung. Dies steht am Anfang des Bundes zwischen Gott und Israel und wird besiegelt mit dem Ruf des Schofars, das bis zum heutigen Tag aus dem Horn der Widder geschnitzt wird.

Die Opferung des Tieres zeigt noch ein weiteres: Es ist nicht am Menschen, zu entscheiden, wer zum Opfer ausgewählt wird. Das Tier steht somit an der Weggabelung, die zum Bund des Volkes Israel mit Gott führt. Sein Opfer bezeichnet den Anfang der Geschichte zwischen Mensch und Gott.

Tiere wurden in vielerlei Hinsicht zur Brücke. Wer sie beschritt, wurde belohnt mit Zeichen Gottes. Das Opfer wurde erst später, nach der Zerstörung des Tempels, von der direkten Rede, dem Gebet abgelöst.

Kommunikation mit den Spuren, die Körper hinterlassen: Der Rauch wurde gedeutet, der vom getöten, auf dem Opferaltar verbrennenden Tierleib zum Himmel aufstieg. Ebenso die mäandrierenden Eingeweide des aufgeschnittenen Tieres. Seine Gewebe und Fette wurden begutachtet, in ihnen gelesen. Nur wenn bestimmte Zeichen vorhanden waren und andere fehlten, durfte das Tier geopfert, sein Fleisch verzehrt werden. Ein Tier, das mit Makeln behaftet, mißgebildet war, galt als unrein, war von der heiligen Handlung ausgeschlossen. Der Leib des Tieres, die Grammatik der göttlichen Rede, die begehrte, entziffert zu werden.

Tsa'ar ba'alei chayim – Es ist verboten, Lebewesen Leiden zu verursachen. Dieser jüdische Grundsatz unterscheidet sich von jener anderen, unseligen Tradition, nach der Tiere als seelenlose Wesen betrachtet werden, mit denen man alles machen kann, Automaten gleich, die nicht schmerz-, nicht empfindungsfähig sind. Gesetze fordern Respekt vor dem Tier, Tierschutz wird zur Pflicht. Nicht das Mitgefühl steht hier im Vordergrund, das subjektiv unterschiedlich ausgeprägt ist, oft willkürlich zwischen Tierarten unterscheidet, zwischen dem edlen Affen und dem nutzlosen Nager selektiert. Das Verbot der Tierquälerei ist ein allgemeines, ein für alle Menschen und in allen Situationen Geltung beanspruchendes Gesetz, unabhängig davon, was gerade opportun und nützlich ist. Respekt und Mitgefühl für das Leben einer anderen, nicht-menschlichen Seele *(nefesch chaja)* ist Grundlage der halachischen Tierschutzgebote und damit Fundament der weltweit ältesten Tierschutzbewegung überhaupt.

Dessen ungeachtet wurden im jüdisch-christlichen Abendland Mißbrauch und Grausamkeit an Tieren nicht nur geduldet, sondern im Gegenteil noch gefördert.

Wie ist dieser offenkundige Widerspruch, auf der einen Seite die halachischen Vorschriften, die Grundlage wirksamen Tierschutzes hätten sein können, auf der anderen Seite jedoch die hemmungslose Ausbeutung und Vernichtung der Tiere im Abendland, zu erklären?

Im Schöpfungsbericht werden die Tiere »jedes nach seiner Art« als vollkommene Geschöpfe der Natur beschrieben. Nach ihrer Erschaffung heißt es: »Und Gott sah alles, was er gemacht hatte, und siehe, es war sehr gut.« (Gen 1, 32)

Diese Bewertung fehlt für den Menschen. Zudem wird die Gleichheit der Menschen und Tiere vor den von Gott eingesetzten Naturgesetzen festgestellt: »Denn das Geschick der Menschenkinder ist wie das Geschick des Viehes, und ein Geschick haben sie; wie der stirbt, so stirbt jenes, und einen Geist haben sie alle, und der Vorzug des Menschen vor dem Vieh ist ein Nichts, denn alles ist eitel.« (Koh 3, 19-21)

Die Gleichsetzung der Lebewesen ruft nach Gleichbehandlung. Schabbatruhe ist für das Tier einzuhalten, dessen elterlichen Gefühle sind zu schonen. Zugleich ist von Unterordnung die Rede. Der Mensch darf das Tier nutzen, sofern er das Gebot der Fürsorge und Pflege des in seine Obhut gegebenen Tieres übernimmt, für das er die Verantwortung trägt. Und schließlich: der Mensch darf bestimmte Tierarten nur unter bestimmten Auflagen verzehren. Der vegetarischen Lebensweise wird der Vorzug gegeben, der Leidensfähigkeit des Tieres muß Rechnung getragen werden. »Ein Rind oder Schaf dürft ihr nicht zusammen mit ihren Jungen an einem Tag schlachten.« (Lev 22, 28). »Du sollst ein Böckchen nicht in der Milch seiner Mutter kochen.« (Ex 23, 19).

Das Verhältnis zwischen Mensch und Tier ist seither von Widersprüchen und Paradoxien geprägt. Unvereinbares trifft aufeinander. Das Blut des Tieres, das der Mensch schützen soll, wird vergossen. Das Tier wird zum Fleisch und als Fleisch wird es gegessen. Seine verletzbare Seele wird getötet, darf jedoch nicht verzehrt werden: »Denn die Seele eines jeden Leibes ist das Blut mit seiner Seele; darum habe ich den Kindern Israels gesagt: Von keinem Leibe dürft ihr Blut geniessen, denn die Seele eines jeden Leibes ist sein Blut; wer es ißt, der soll getilgt werden.« (Lev 17, 14)

Mensch (Adam), Tier und Erde sind aus der gleichen Substanz erschaffen, beide bestehen aus »Blut« (dam) und »Erde« (adama). Daraus leitet die Bibel das Verbot des Blutvergießens und jeglicher zerstörerischen Handlungen an Mensch, Tier, Natur und Erde ab. Das Tier, das dem Menschen unterstellt ist, wird Schlachttier, Nutztier, wird Opfertier. Die Speisegesetze, die Gesetze des

Schlachtens, der Ritus der Tieropfers während des Tempeldienstes wollen die offen zutage tretenden Widersprüche durch eine Logik des Gesetzes lösen: Stets bleibt gewärtig, daß Vergießen von Blut ein Tabubruch ist, der nur unter strengen Auflagen, als Ausnahme genehmigt wird. Das Verbot der Tierquälerei bezieht sich auch auf die Jagd, so gewonnenes »zerrissenes Fleisch« ist nicht koscher *(treife)*.

Wer ein Tier hat, muß es tränken und füttern, noch bevor er selbst Nahrung zu sich nimmt. Sogar am Schabbat muß das Tier versorgt und gepflegt werden. Dem Gebot der Ruhe von Mensch und Tier entspricht das Brachjahr *(Schmitta)* der Pflanzen.

Angesichts dieser differenzierten Tierschutzgesetzgebung fällt die Strenge auf, mit der eine emotionale Bindung an das Tier untersagt wird. Immer gerät sie in die Nähe der Tierverehrung, ja sogar Tiervergötzung, wie sie in der anderen Hochkultur des Vorderen Orients, dem Rivalen Ägypten, als Tierkult Staatsreligion war. Hier mag einer der Gründe für dieses widersprüchliche Tierbild im alten Israel liegen. Die gefühlhafte Bindung an das Tier gilt nicht nur als Kennzeichen des von Gott erwählten Menschen – der Prophet Mose und König David werden wegen ihrer Fürsorge erwähnt –, sondern die Beziehung zum Tier wird Anlaß eines idealisierten Menschenbildes, wird damit zur Projektionsfläche utopischer Vorstellungen.

Der Mensch, der seine Gier überwindet, findet ein harmonisches Verhältnis zur Natur, die zum *Gan Eden*, zum verlorenen Paradies wird. Die hier niedergelegten Ideen können unter psychologischem Gesichtspunkt als Verschmelzungsphantasie betrachtet werden. »Und es wohnt der Wolf mit dem Lamme, und der Tiger lagert neben dem Böcklein, und Kalb und junger Leu und Maststier zusammen, und ein kleiner Knabe leitet sie. Und Kuh und Bär weiden, es lagern ihre Jungen zusammen, und der Leu, wie ein Rind, frißt Stroh. Und es spielt der Säugling auf dem Loche der Natter, in die Höhle des Basilisken steckt seine Hand das entwöhnte Kind.« (Jes 11,6)

Der rationalistischen Begründung des jüdischen Tierschutzes steht dieses gefühlsbetonte, jedoch von Widersprüchlichkeit, Ängsten und Abwehrwünschen zerrissene Verhältnis zwischen Mensch und Tier gegenüber.

Und dies beantwortet die eingangs gestellte Frage. Obwohl die Stammreligion des Abendlandes den Tierschutz zum Gesetz erhebt, hat sich dies für das Tier keineswegs positiv ausgewirkt.

Archaisch ist die Scheu, zu Lebewesen, deren Verzehr möglich ist, in Kontakt zu treten. Ist nicht Schuld, ja Scham die Folge eines solches Freundschaftsbruchs?

Das Tier, dies zeigen die biblischen Tiermetaphern, wird wegen seiner Schönheit und Stärke bewundert, ein Wechselspiel entsteht zwischen der Furcht, sich eine solche Kraft zum Feind zu machen, zum Kannibalen zu werden, und dem Wunsch, im Kampf sich als Mensch, als höherstehendes, vernichtendes Wesen zu behaupten.

Das geliebt-gefürchtete Tier wird daher, gerade noch rechtzeitig, entwertet: Aus dem guten Tier wird eine Bestie.

Gewaltsam wandeln sich nun die Gefühle dem Tier gegenüber: eine dämonische Fratze starrt dem Mensch entgegen. Das Tier löst Begierde, Triebhaftigkeit aus. Sodomie, die Geißel des Altertums. Folglich wird die Begegnung von Mensch und Tier sexualisiert; sie wird zum Schauplatz von Bestialität und Sodomie. Das Tier aktiviert das Tabu verbotener Sexualität. Der Dialog mit dem Tier gerät zur sexuellen Verirrung, wird als Perversion identifiziert. Um der Bestialität einen Riegel vorzuschieben, wird der enge Umgang mit dem Tier unter Todesstrafe gestellt.

»Mit dem Tier liegen« galt als Perversion *(tebel)* und unterlag der Todesstrafe. Mensch und Tier wurden gesteinigt. So heißt es in Ex 22, 18: »Wer bei einem Tiere liegt, sterbe des Todes«. Der Witwe wird untersagt, Hundewelpen aufzuziehen, um sich nicht dem Verdacht unmoralischen Lebenswandels auszusetzen (Talmud, Awoda Sara 22b).

Wie seelische Bindung zu Perversion wird, kann an den Darstellungen von Bileam und seiner Eselin gezeigt werden.

»Da öffnete der Ewige den Mund der Eselin und sie sprach zu Bileam: Was habe ich dir getan, daß du mich nun dreimal geschlagen?« (Num 22, 28) Im Dialog mit dem Tier, dessen Mund von Gott geöffnet wurde, wird Bileam zum Seher und Propheten, dessen Loblieder auf Israel zu Kleinodien biblischer Poesie zählen. Der Gefühlsdialog zwischen der Eselin und Bileam, Urbild der gegenseitigen Bereitschaft von Mensch und Tier, miteinander in Beziehung zu treten und Mitgefühl an die Stelle von Macht und Gewalt treten zu lassen, wird als Geschenk Gottes an den Menschen dargestellt. Die Sprache, die beide miteinander finden, kennzeichnet das Ende der Mißhandlung des Tieres durch den Menschen; sie entkräftet den Verdacht, das Tier würde dem Menschen Unrecht tun.

Dessen ungeachtet wurde die Gestalt des Bileam schließlich umgedeutet. Der Prophet wird in Kommentaren zum Bösewicht *(Harascha)*, ist einer, der Unzucht betreibt und zur Unzucht verleitet, der sich der Sodomie schuldig macht (Aggadah Sanhedrin 105a).

Bis in die Gegenwart wirkt die Verunglimpfung der Beziehung zwischen Mensch und Heimtier nach, sie behindert und belastet den bereits in der Torah beschriebenen Dialog zwischen den Geschöpfen, in dem der Mensch die Schranken seiner eigenen Art überwinden, zu Sensibilität und Achtung vor der außermenschlichen Natur finden kann.

Die jüdische Tierschutzbewegung in Israel und den USA

Aus dem in der Torah beschriebenen gemeinsamen Schicksal von Mensch und Tier entsteht Gefühlsnähe. Daher wundert es nicht, daß bei der Gründung der säkulären Tierschutzbewegung im 19. Jahrhundert Menschen jüdischer Abstammung federführend beteiligt waren.

Lewis Gompertz, ein englischer Jude, verfaßte 1824 die Streitschrift »Moral Enquiries on the Situation of Men and Brutes«, die schließlich zur Gründung des ersten Tierschutzvereins, der Society for the Prevention of Cruelty to Animals, der heutigen RSPCA, führte.

Während sich auch in anderen Ländern der Diaspora Juden an die Spitze der Tierschutzbewegungen stellten, war die Situation in Israel bis vor kurzem miserabel.

Ideal und Wirklichkeit klaffen in Israel weit auseinander. Die halachischen Vorschriften zum Schutz der Tiere wurden in der säkulären israelischen Gesellschaft kaum beachtet. Heimtierhaltung ist unter orthodoxen Juden ohnehin verpönt.

Versuche dies zu ändern, scheitern an den strengen Vorschriften im Umgang mit Heimtieren, am Kastrationsverbot und den Vorschriften der Kaschrut (Speisegesetze). Massentierhaltung in Kibbuzim und keinerlei Beschränkung bei Experimenten mit Tieren an wissenschaftlichen und pharmazeutischen Instituten waren an der Tagesordnung.

Seit der Staatsgründung hat sich Israel demgegenüber wie kaum ein anderes Land um den Naturschutz verdient gemacht. Bewässerung und Aufforstung haben karge Landstriche in fruchtbares Wald- und Ackerland verwandelt. Die Vielfalt der klimatischen und geographischen Zonen bringt ohnehin einen beispiellosen Reichtum an Tier- und Pflanzenarten mit sich. Vom gemäßigten Klima der Waldregionen des Tel Dan an der Quelle von Jordan und Yarmuk im Norden bis zum mediterranen Carmel oder dem Wüstenklima von Yotvata könnte das Land zum Refugium bedrohter Arten werden. Umweltsünden wie die Trockenlegung des Hula-Sees, die zum Sinken des Grundwasserspiegels und damit zur Gefährdung des Kinneret führten, werden allmählich korrigiert. Milliarden von Zugvögeln überqueren Israel jedes Jahr, und nicht weniger als 385 Naturreservate sind eingerichtet worden. So werden biblische Wildtiere in den Hai-Bar Projekten vor dem Aussterben gerettet oder nachgezüchtet.

Doch erst 1989 gründete die Regierung ein Umweltministerium zu dessen Zielen es zunächst gehört, eine Infrastruktur aufzubauen und Hunderte von privaten Mülldeponien im Lande aufzulösen.

Erst 1994 und 1995 wurde in zwei Abschnitten ein Tierschutzgesetz *(chok tsa'ar ba'alei chayim)* verabschiedet, das die noch aus der Zeit des Britischen Mandats stammenden, nicht zur Anwendung gebrachten Bestimmungen ablöste, deren Höchststrafmaß für Tierquälerei bei nur einem Monat lag; mit dem neuen Tierschutzgesetz sind in Israel endlich die Voraussetzungen für eine Verbesserung der Situation von Heim- und Nutztieren und für die Strafverfolgung von Tierquälern geschaffen.

Tierquälerei ist zu einem Straftatbestand erhoben worden, der mit einer Freiheitsstrafe bis zu drei Jahren geahndet wird.

Verwahrlosung von Tieren, Mißhandlung und Grausamkeit Tieren gegenüber galten bis dahin als Kavaliersdelikt. Sadistische Exzesse an Tieren sind nicht nur ein Topos in der israelischen Gegenwartsliteratur, sondern entsprechen einer beklagenswerten, von Kriegen und Terror geprägten gesellschaftlichen Wirklichkeit.

Seit Jahren versuchen israelische Tierschutzgruppen durch private Initiativen, nicht selten im Einzelkampf, das erbärmliche Los der streunenden, unterernährten und kranken Heimtiere zu lindern. Erst seit 1994 werden die israelischen Tierschutzorganisationen von der Regierung finanziell unterstützt.

Im Gespräch mit dem Knesset-Abgeordneten Avraham Poraz, der bei der Gesetzesinitiative federführend war, stellte sich heraus, daß der israelische und britische Tierschutz Ähnlichkeiten aufweisen: Wie die Beamten der RSPCA sollen auch die israelischen Tierschützer Kontrollfunktionen erhalten. Sie können Personalien aufnehmen und die Strafverfolgung einleiten. »Das entlastet die Polizeibeamten und garantiert, daß das Gesetz vollzogen wird«, erläuterte Poraz, der zum Shinui, einer linken Gruppierung des Meretz, gehört und mehr als fünf Jahre an der Vorbereitung des neuen Tierschutzgesetz arbeitete.

Der letzte Abschnitt des Gesetzes, die »Kontrolle von Tierexperimenten«, wurde im Juli 1995 verabschiedet.

»Bis jetzt gab es in Israel keinerlei gesetzliche Kontrollen von Tierexperimenten. Wir wollen mit diesem Gesetz endlich der hohen Zahl grausamer und unnötiger Tierversuche, die wiederholt werden, weil die Wissenschaftler nur über ihre Erfolge, nicht jedoch über die Mißerfolge berichten, einen Riegel vorschieben«, meint Poraz.

»Das Wohlergehen von Mensch und Tier stehen in einem Zusammenhang. Früher dachten Israelis, die ein verwundetes Tier sahen: »Das ist eben die Natur. Das geht mich nichts an.« Heute fühlen sich viele verantwortlich für die Tiere. Ich glaube, die israelische Gesellschaft kann sich inzwischen den Luxus leisten, sich um ihre Tiere zu kümmern. Außerdem haben Tiere keine Stimme, um ihre Interessen zu vertreten. Jemand muß die Menschen einfach darauf aufmerksam machen, daß Tiere Schmerzen empfinden und seelisch leiden, daß sie nicht nur Lieferanten sind von Fleisch und Eiern und Milch und Leder oder wissenschaftlichen Daten«, bekräftigte der engagierte Tierschützer Poraz.

Der Initiative schlossen sich ebenfalls engagierte Wissenschaftler an. »Bisher konnte jeder in Israel machen, was er wollte«, berichtete Rami Rahamimoff, Dekan der Medizinischen Fakultät der Hebräischen Universität. »Nun wollen wir die Haltung der Versuchstiere verbessern und den Tieren schmerzlindernde Medikamente geben. Außerdem sollen Tierversuche bei Ethik-Kommissionen, in denen ebenfalls Tierschützer vertreten sind, angemeldet und genehmigt werden.«

Tierschutz beginnt bereits in Erziehung und Schule. Das israelische Erziehungsministerium fördert daher Projekte an Schulen, in denen Kinder und Jugendliche Kenntnisse über Tierverhalten, artgerechte Tierhaltung und den richtigen Umgang mit Heim- und Nutztieren vermittelt werden soll, und sie dazu angehalten werden, Heimtieren Verständnis und Rücksichtnahme entgegenzubringen.

Im Programm *Chayim Beyachad* (Zusammen leben) werden israelische und palästinensische Kinder, die getrennte Schulen besuchen und kaum Gelegenheit haben, sich zu treffen, gemeinsam im Tierschutz unterrichtet.

Der Unterricht wird von ehrenamtlichen Mitarbeitern von Tierheimen, darunter Veterinärmediziner, Lehrer und Sozialpädagogen, geleitet.

Hilda Friedstein, ehrenamtliche Mitarbeiterin und Gründungsmitglied des größten israelischen Tierheims in Tel Aviv, arbeitet seit 35 Jahren für den Aufbau eines effektiven Tierschutzes in Israel. Zu ihren Aufgabengebieten gehören nicht nur Sterilisierungskampagnen, die Krankheiten und unkontrollierte Vermehrung der Tiere verhindern, sondern ebenso die umstrittene Euthanasie von eingefangenen ausgesetzten Heimtieren, die nicht weitervermittelt werden konnten.

Auch die Kommunen führen solche Euthanasien durch. Bis vor kurzem war es allerdings kein »schöner«, sondern ein erbärmlicher Vergiftungstod durch Strychnin, das bekanntlich Krämpfe verursacht. Friedstein gelang es gemeinsam mit der amerikanischen Gruppe CHAI (Concern for Helping Animals in Israel) hier eine Verbesserung zu erzielen, indem durch Medikamentenspenden aus den USA nun die schmerzlosere Tötungsmethode mit Sodium Pentobarbital eingesetzt wird. Die Gruppe bemüht sich darum, diese Tötungsmethode landesweit durchzusetzen.

Nina Natelson lebt mit ihrem Mann und neun Tieren, darunter Hunde, Katzen und Vögel, in Annandale im Bundesstaat Virginia und koordiniert von hier aus die Aktivitäten von CHAI (zu deutsch: »es lebt«) in Israel.

Nina, mit der ich während der Vorbereitungen der ZDF-Dokumentation von Danuta Harrich-Zandberg und Walter Harrich sprach, organisiert Kongresse in Israel, bei denen neue Methoden der medizinischen Forschung ohne Tierversuche erarbeitet werden. Nina Natelson berichtet, daß es gelungen sei, die Israelische Armee zur Verringerung der Zahl von Tierversuchen im Bereich der experimentellen Chirurgie zu bewegen. Weitere Kampagnen der Organisation richten sich gegen den militärischen Einsatz von Hunden als Kamikaze-Kommandos in unterirdischen Verstecken von Terroristen. Den Hunden werden dabei Gasbomben und Dynamit am Körper befestigt. Der Tourismus in Israel hat ebenfalls etliche dem Tierschutz abträgliche Ergebnisse gezeitigt. Die Samaritaner, eine jüdische Gemeinschaft am Berg Garizim, beispielsweise bieten Schlachtshows für Touristen an, in denen Lämmer coram publico hingemetzelt werden. Zahlreiche Krokodilfarmen wurden aus Gründen der touristischen Vermarktung eingerichtet.

Die Haltung von Straußen in mehr und mehr israelischen Kibbuzim ist ebenfalls nicht artgerecht; die Tiere, die wegen der guten Absatzmöglichkeiten ihres Fleisches gezüchtet werden, sind auf engstem Raum zusammengepfercht, ohne daß sie Auslauf erhalten.

Israel ist der drittgrößte Produzent von Gänsestopfleber. CHAI tritt dieser tierquälerischen Mästmethode entgegen und führt derzeit mehrere Prozesse gegen die Produzenten von Gänseleberpastete.

Ein anderer Prozeß hat sich ebenfalls an einer Rechtsfrage entzündet, berichtet Nina Natelson; er dreht sich um die Verzollung der Tiersanitätswagen. Während die Krankenwagen des israelischen Magen David Adom keinen Einfuhrzoll bezahlen müssen, gilt dies nicht für die Tierambulanzen, die mit bis zu 20.000 Dollar verzollt werden müssen.

Ziel von CHAI ist der Bau des Isaac Bashevi Singer Human Education Centers auf dem Grundstück des Tierheims von Tel Aviv, in dem Erwachsenenbildung, Bibliothek und Videothek zusammengeführt werden sollen.

Die israelischen Tierschutzorganisationen sind in hohem Maße mit der amerikanischen jüdischen Tierschutz-Szene verknüpft. Das Ehepaar Robert und Roberta Kalechofsky beispielsweise hat mit ihrer Initiative »Jews for Animal Rights« zu einer theoretischen Fundierung und Erweiterung des jüdischen Tierschutzgedankens beigetragen und den Vegetarismus als zeitgemäße Form des praktischen jüdischen Tierschutzes etabliert.

Die amerikanisch-jüdische Tierschutz-Szene ist für die israelische nicht nur wegen ihrer praktischen Hilfestellungen, dem Austausch von Know-How und konkreter finanzieller Unterstützung von Bedeutung. Der biblische Tierschutzgedanke wird hier erstmals mit der Wiedererneuerung der jüdischen Traditionen zusammengeführt und daher in einem neuen Kontext gesehen. Neue Denkansätze und Lebensformen könnten, so ist zu hoffen, zu einer positiven Neubewertung der Heimtier- und Nutztierhaltung auch in der Orthodoxie führen und jene negativen Bewertungen auflösen, die, wie weiter oben ausgeführt, dazu geführt hatten, daß tierschützerische Erwägungen bei der Nutztierhaltung auch in Israel kaum mehr eine Rolle spielten und andererseits die Heimtierhaltung weiterhin verpönt war, da sie nach biblischer Tradition oftmals mit der Perversion der Bestialität gleichgesetzt wurde.

Doch nicht nur die Sexualisierung steht der Tierhaltung im orthodoxen Judentum entgegen: der orthodoxe Tierfreund sieht sich mit einer Vielzahl von lebenspraktischen Problemen konfrontiert.

Sie zu lösen, erfordert Erfindungsreichtum und Veränderungen traditioneller Einstellungen. Im verachteten, schmutzigen Hund *(kelev)* wird erst allmählich der treue Gefährte wahrgenommen, der seinem Menschen mit ganzem Herzen *(kol lev)* folgt.

Die »Noach-Bewegung« versucht Tierschutz nach halachischen Gesichtspunkten zu organisieren. Paradoxerweise steht dabei das Gebot, »nicht zu zerstören und zu verstümmeln« *(Bal Taschchit)* einem positiven Tierschutz im Wege. Einerseits verbietet das Gebot zwar die Vergiftung von streunenden Tieren, auf der anderen Seite jedoch verhindert es Sterilisierungskampagnen, die dem Wachstum verwahrloster Tierpopulationen Einhalt gebieten könnten, die Gesundheit der Tiere verbessern und das Halten von Heimtieren erleichtern. Der orthodoxe Tierschützer muß daher das Tier wie gesäuerte Lebensmittel *(Chametz)* während der Pessach-Zeit symbolisch zunächst an einen Nicht-Juden »verkaufen«, um das Tier operieren zu lassen.

Den Vorschlägen, die von offizieller Seite, dem Oberrabbinat, gemacht werden, um ein Zusammenleben mit Heimtieren zu ermöglichen, mangelt es leider oft an Seriosität und Mitgefühl für die Bedürfnisse der Tiere.

So brachte beispielsweise der ehemalige Oberrabbiner von Israel Ovadia Josef den skurilen Vorschlag ein, die Probleme der Schabbatruhe nunmehr mit Hilfe von dressierten Heimtieren zu lösen. Sie sollen dafür sorgen, daß der jüdische Hausherr die Schabbatruhe nicht verletzt. Außerhalb Israels werden diese Aufgaben bekanntlich meist von sogenannten Schabbat Gojim übernommen, – das sind Nichtjuden, die am Schabbat in jüdischen Haushalten Lichtschalter anmachen und Essen zubereiten. Kurzum, dressierte Affen sollten am Schabbat erledigen, was ansonsten nichtjüdische Hausangestellte tun. Der Affe sollte Lichtschalter an- und ausschalten, Essen zubereiten und ähnliche Dienste leisten.

Voraussetzung, so der Oberrabbiner, sei allerdings, daß die Tiere nicht im Besitz des Juden sein dürften, da in diesem Fall ja das Gebot der Schabbatruhe für die Tiere gelte und die dressierten tierischen Haushaltshilfen gleichfalls dem Arbeitsverbot unterliegen würden.

Tierschutz und Antisemitismus in Deutschland

Die besondere historische Situation in Deutschland und die komplizierte Struktur der jüdischen Gemeinden hat nach dem Holocaust einen praktischen jüdischen Tierschutz in Deutschland weitgehend unmöglich gemacht.

Die beiden Hauptgründe, die gegen ein jüdisches Engagement im deutschen Tierschutz sprechen, sind die fehlende Vergangenheitsaufarbeitung deutscher Tierschutzorganisationen und die oft von Antisemitismus getragenen Anti-Schächt-Kampagnen.

Die Anti-Schächt-Bewegung wurde im 19. Jahrhundert in den europaweit sich ausbreitenden organisierten Antisemitismus integriert. An dieser Verquickung von Anti-Schächt-Kampagnen, Tierschutz und dumpfem Judenhaß hat sich bis zum heutigem Tage kaum etwas geändert. Noch immer ranken sich um diese traditionelle jüdische Schlachtmethode zahllose Vorurteile.

Zwischen der Ritualmord-Legende, bei der angeblich Menschen geschächtet werden und ausbluten, und der Unterstellung, beim Schächten würden Tiere grausam gequält, ist nur ein kleiner Schritt. Dabei ist die Methode des Schächtens alles andere als Tierquälerei.

Im Gegenteil. Sie kann als erste Qualitätskontrolle für ein tierschonendes Schlachtverfahren gelten. Das Töten von Tieren ist nur unter strengen Regeln und durch ausgebildete Schächter erlaubt.

Um unnötiges Leiden zu vermeiden, soll das Schlachttier rasch getötet werden. Schächten gilt als religiöse Handlung. Lebewesen töten, das Vergießen von Blut, Macht über Leben haben, korrumpiert und fordert daher Charakterfestigkeit, betont der europäische Schächtexperte, der Tiermediziner und Rabbiner Israel M. Levinger aus Basel.

Der Schnitt mit dem schartenfreien Messer durchtrennt in einer Bewegung die Halsschlagader, Luft- und Speiseröhre, unterbricht die Blutzufuhr zum Gehirn und läßt das Tier in Sekundenbruchteilen bewußtlos niedersinken. Erstechen, Steinigen, Erschlagen, Erdrosseln – mit diesen und anderen grausamen Methoden wurden Tiere jahrhundertelang in der nicht-jüdischen Welt getötet: im Judentum war dies anders.

»Jede Schlachtmethode stellt eine Grausamkeit Tieren gegenüber dar, aber im Vergleich zu anderen Schlachtmethoden ist die *Schechita* (das Schächten) mindestens ebenso human wie andere Schlachtmethoden«, betont Levinger.

Schmerzlos töten ist ein Euphemismus, eine Vernebelungstaktik, die bei näherem Hinsehen nicht hält, was sie verspricht. Denn Sterben mag dem Unbeteiligten zur eigenen Beruhigung zwar als »human« vorgestellt werden, erweist sich für die unmittelbar Beteiligten jedoch, egal ob Schächtmesser, Bolzenschußapparat oder elektrischer Stromstoß verwendet werden, als nicht akzeptabel.

Ein Tier mit dem Bolzenschuß niederzustrecken, mithin eine Gehirnerschütterung zu provozieren, damit es der Trennung des Kopfes vom restlichen Leibe nicht mehr gewahr wird; nicht mehr gewahr wird, wenn der Rumpf abgetrennt, die Lenden zerteilt, die Vorder- und Hinterläufe entfernt werden, wenn es ausgeweidet wird – dies gilt als ehrenhafte Weise ein Tier zu töten.

Dem Bolzenschuß hängt etwas Heldenhaftes an. Ein Überbleibsel aus Zeiten, als kernige Männer noch mutig die Wälder durchstreiften, um den Schmorbraten durch eine Kugel oder mehrere zu erlegen. Eine Erinnerung an den edlen Krieger, der seinem treuen Pferd, das er wegen unpassender Beschädigungen aus dem Verkehr zu ziehen gezwungen ist, den Gnadenschuß verpaßt.

Das Messer hingegen erinnert an Meuchelmord, heimtückischen Angriff, womöglich von hinten, an finstere, welsche Gestalten. In den Bedeutungen der Dinge liegt ihre Dramatik verborgen, Szenerien, die Haß, die Ängste schüren und all das, was dies unter den Menschen auszulösen vermag.

Dem Töten in all seiner blutigen Grausamkeit ins Gesicht zu blicken, weckt Angst. Und auf den Spuren der Angst folgt der Haß gegen jene, die all dies Ungemach verursachen, die Stimmung und Appetit verderben, das Tabu derart frech und schamlos zu übertreten wagen, den Tod hervorzerren, ihn zeigen wie er ist: blutleer blutend und kein schöner Anblick. Wie das Messer des Schlachters, der sich in das Leben bohrt, es bis auf den Grund zerschneidet, den Körper vom Kopf und vom Leben trennt, unwiederbringlich.

Die Kampagnen gegen das Schächten unterstellen, daß es sich beim Schächten um eine schmerzvolle, beim Töten nach Bolzenschuß um eine schmerzfreie Methode des Schlachtens handele. Dies konnte widerlegt werden.

Seit der Mitte des 19. Jahrhunderts haben sich die Gegner des Schächtens nicht nur aus den Reihen engagierter Tierschützer rekrutiert, sondern vor allem aus dem Lager der Nationalisten. Argument einst wie jetzt: die »Ausländer« sollen wenigstens »unsere Landessitten« respektieren.

Im Jahr 1884 erließen die deutschen Tierschutzvereine eine Resolution gegen das Schächten. Die Vorhut der Anti-Schächtbewegung bildeten die Schweizer, die per Volksabstimmung mit 200.000 zu 125.000 Stimmen bereits 1892 das weltweit erste Schächtverbot durchsetzten.

Dazu lautete der Kommentar der Frankfurter Allgemeinen im Jahr 1893: Die Schweizer Anti-Schächtkampagne beruht auf »Antisemitismus unter dem Deckmantel der Humanität«.

Doch der Widerstand gegen das Schächten ließ sich nicht mehr aufhalten. Norwegen untersagte das Schächten 1929, Schweden im Jahr 1937. Das Schächten galt, so der Däne Aage Henriksen, in dessen Heimat die Anti-Schächt-Initiative freilich scheiterte, als »orientalische Praktik, die dem nordischen Geist fremd sei.« Das zeitweise in Finnland geltende Schächtverbot wurde sogar aufgehoben, nachdem Carl Tigerstedt von der Helsingfors Universität in seinem Gutachten zum Ergebnis kam, daß das »Töten von Tieren nach dem jüdischen Ritus als ein schmerzloses Verfahren betrachtet werden muß« und durch den hohen Qualitätsstandard, das ständige Schärfen des Messers und die Professionalisierung des Schächters *(Schochet)*, eine schonendere Technik entwickelt worden sei als das oft über den Daumen gepeilte Schlachten, bei dem individuelle Willkür und Tiermißhandlungen beobachtet werden könnten.

Im Mutterland der Tierschutzbewegung zeigten sich Gesetzgeber und Bevölkerung toleranter als auf dem Festland: In Schottland wurde der Betäubungzwang für die Schlachttiere der jüdischen Minderheit 1928 aufgehoben. Zwei Jahre später übernahm auch das englische Parlament diese Ausnahmeregelung.

Der Kampf gegen das Schächten war unterdessen zu einer Haupttriebfeder des Nationalsozialismus geworden. Appelle an die deutsche Tierliebe und abschreckende Szenarien von Tieren im Todeskampf peitschten die Emotionen auf und überzeugten noch schwankende Volksgenossen von der Minderwertigkeit der jüdischen Rasse, die solche Greuel duldete.

Der bayerische Landtag verabschiedete am 29.1.1930 ein Gesetz, das die Betäubung der Schlachttiere vorschrieb. Obwohl ein Gutachten des Reichsgesundheitsamtes 1930 zum Ergebnis kam, daß Schächten nicht als Tierquälerei gelten könne, erließen die Nationalsozialisten als eine ihrer ersten Amtshandlungen 1933 ein reichsweites Schächtverbot.

Das Schächten steht weiterhin am Pranger deutscher Tierschützer und deren Vereinigungen. Die oft verworrenen Aussagen der Tierschützer werden mit einem ebensolchen wirren Begriffs-Cocktail aufgetischt, nach dessen Genuß das geschächtete Tier in den Augen des deutschen Tierschützers unvermittelt an die Stelle der Opfer des Nationalsozialismus rückt und schließlich, im fortgeschrittenen Begriffs-Delirium, der Schächter höchstpersönlich den Holocaust der Tiere organisiert.

Der Holocaust und seine sprachliche Ausbeutung spielt neuerdings in den um den Tierschutz kreisenden Debatten, pikanterweise in Deutschland ebenso wie in Israel, keine unerhebliche Rolle. So wird das Argument, Tierversuche seien vergleichbar mit dem Holocaust, sowohl von Tierschützern als auch von deren Gegnern verwendet. Oft werfen beiden Parteien sich gegenseitig vor, sie stünden in der Tradition der Nationalsozialisten.

Sogar in Israel erfreut sich diese Argumentation neuerdings einiger Beliebtheit. Israelische Tierschützer berichteten der Verfasserin, daß ihnen von radikalen Tierversuchsbefürwortern vorgeworfen worden sei, in die Fußstapfen der Nationalsozialisten getreten zu sein, da ihr Kampf, Tierexperimente zu verringern, zwangsläufig dazu führe, erneut Menschenversuche zu propagieren.

Der »Standort Deutschland«, die Juden und die Tierversuche

Forscher, die wegen öffentlicher Kritik an Tierversuchen im Dienste der Wissenschaft unter Druck geraten sind, entwarfen in München jüngst ein wüstes Szenario, um den Tierversuchsgegnern den Wind aus den Segeln zu nehmen: »Das Ausland beobachtet die deutschen Kampagnen gegen Tierversuche schon argwöhnisch«, hieß es. »Auch der israelische Journalist X meint, daß ...«

Wen hat der jüdische Experte, der hier zum Sprachrohr der deutschen Wissenschaft befördert wurde, eigentlich aufs Korn genommen? Die Rechtsradikalen und deren Knechte? Nein, die Tierschützer. Deutschland werde bedroht. Die Übeltäter? Nicht »Neger klatschende« Neonazis, sondern Tierschützer. Sie gelten hinfort als Antisemiten, weil sie Pogrome schüren, Menschenjagden eröffnen, Wissenschaftler an den Pranger stellen. Originalton: »Die mächtige Lobby der Tierschützer fordert Menschenopfer.«

Den Gegnern von Tierversuchen wird dabei folgende Logik unterstellt: ›Wissenschaftler machen Tierversuche. Tierschützer sind gegen Tierversuche. Juden sind Wissenschaftler. Also sind Tierschützer Antisemiten.‹

Einige deutsche Wissenschaftler haben im wahrsten Sinne aus der Geschichte gelernt. Mit einem Umweg über Auschwitz will man die Juden als heimliche Verbündete nutzen. In klugem Kalkül will man eine Allianz eingehen mit denen, die für die moralischen Gewinner der Geschichte gehalten werden.

Der Holocaust und seine Nutzung in den Zeiten des medizinisch-industriellen Komplexes. Noch jeder findet hierzulande seinen jüdischen Experten, der dieser neuen Anti-Tierschutzbewegung eilig sein Gütesiegel aufdrückt.

Ohne eigenes Zutun sieht sich die jüdische Gemeinschaft zur Galionsfigur für deutsche Tierversuchsvorhaben befördert. Die Szenerie wird abgerundet durch das heftige Lamento der Wissenschaftler, die von den Tierschützern in die Zange genommen, sich nun selbst als verfolgte Minderheit stilisieren. Während Wissenschaftskritiker unversehens in den Fußstapfen der Nationalsozialisten landen und als »Veget-Arier« verunglimpft werden, haben sich einige Wissenschaftler, um die eigenen Pfründe bangend, in die Rolle der verfolgten Minderheit katapultiert. Ein Karussel der Schuldzuweisungen, in dem es sich, ad infinitum empört, entrüstet, gelegentlich durchaus vergnügt, im Kreise herumfahren läßt. Einige Schächtgegner appellierten, wie in München geschehen, an Juden als Leidtragende des Holocaust, endlich den »grausamen Mord an Tieren« zu unterbinden.

Das Etikett »Tierliebe« dient dazu, den Blick abzulenken von den Folgen der eigenen Gaumenfreuden, die jeder einzelne Fleischesser billigt, wenn er lebendige Tiere für den eigenen Kochtopf massenhaft züchten und töten läßt. Und während die Tierschützer auf das Schächten als »grausame Tierquälerei« einprügeln und sich einer einäugigen Ethik bedienen, deren Maß allein die christlichen Kultur ist, bagatellisieren sie das Schlachten als schmerzloses Töten.

Selbst ein Redakteur von »Du und das Tier«, der Vereinszeitschrift des Deutschen Tierschutzbundes, schreibt zur Begründung: »Es ist weltweit üblich, sich als Ausländer den Gesetzen und Traditionen des jeweiligen Gastlandes anzupassen.« Um den Schein zu wahren, erteilt man zwar hin und wieder in der Verbandszeitschrift auch Rabbinern das Wort, die sich, um Berührungsängste abzubauen, über den sanften Tod unterm Schächtmesser auslassen, deren Argumente jedoch keinerlei Spuren hinterlassen. Der Redakteur wiederholt stattdessen seine naive Frage: »Man muß sich aber ernstlich fragen, was die Schlachtung eines Tieres zwecks Fleischverzehr mit »Religionsausübung« zu tun haben soll. Es handelt sich beim Schlachten schließlich nicht um eine religiöse Handlung, vergleichbar der Taufe, dem Abendmahl, der Beichte, dem Gottesdienst, dem Gebet, der Letzten Ölung.« In den jüdischen Gemeinden bleibt der deutsche Tierschutz daher ein Reizthema. Die KZ-Überlebenden haben die Geburtsstunde des deutschen Tierschutzes im Schicksalsjahr 1933 am eigenen Leibe erlebt. Gemeinsam mit dem Schächtverbot wurde das »Reichstierschutzgesetz zum Schutz der Tiere vor Mißhandlung und Quälerei« erlassen. Auf diesem Hintergrund kann es nicht verwundern, wenn in den Augen der Überlebenden deutsche Tierschützer mit ihren Kampagnen gegen das Schächten in der Linie jener SS-Leute mit ihren Bluthunden gesehen werden, die Menschen wie Schlachtvieh von den Rampen geradewegs in den Tod trieben. Sogar die vegetarische Lebensweise gerät in Mißkredit, weil Hitler sich ihrer angeblich bediente. (Hitlers Biograph Ralph Payne belegte kürzlich, daß Hitler doch kein Vegetarier war, sondern Fleisch- und Wurstwaren verspeiste und lediglich sporadisch eine vegetarische Diät einhielt, um chronische Blähungen und übermäßige Schweißbildung in den Griff zu bekommen.)

Devise der jüdischen Gemeinden, gerade angesichts der um sich greifenden Schächtverbote: keine schlafenden Hunde wecken! Daß sie keineswegs schlafen, fällt nicht weiter auf. Aus Furcht, sich vor den Karren verkappt antisemitischer Tierschützer spannen zu lassen, wird die jüdische Gemeinschaft in Deutschland vermutlich weiterhin dazu schweigen, sich von Gegnern der Tierschutzbewegung instrumentalisieren zu lassen.

Und so driftet der Blick in die Ferne, wo alles ohnehin immer ganz anders ist und wo jüdischer Tierschutz als neue und alte Antwort auf die Herausforderungen dieser Zeit ernst genommen wird.

Die Annäherung an modernen jüdischen Tierschutz: Öko-Kaschrut

Zur psychologischen Dimension, dem anderen Umgang mit dem Heimtier, tritt die lebenspraktische: der Versuch, im modernen jüdischen Tierschutz ein Bewußtsein der Veränderungen des natürlichen Lebensraumes freilebender Tiere sowie ein anderes Verhältnis zu den aus Tieren gewonnenen Nahrungsmitteln zu finden. Im Klartext bedeutet dies Vegetarismus oder mindestens reduzierter Fleischverzehr.

»Für einen Juden besteht keine Notwendigkeit, Fleisch zu essen«, meint Rabbiner Dan Cohn Sherbok aus Kent in Canterbury. Arthur Waskow, den ich in New York traf, plädiert dafür, das jüdische

Verbot der Tierquälerei endlich auf ein Verbot der Zucht von Tieren in Massenzuchtfabriken zu erweitern.

Auch im Umfeld der rekonstruktionistischen Bewegung in den USA fehlt es nicht an neuen Denkansätzen. Anders als das Liberale und Reformjudentum wird hier nicht Assimilation angestrebt, sondern im Gegenteil eine Stärkung der jüdischen Traditionen. Ihr interessantester Vorschlag: die Öko-Kaschrut.

In Philadelphia besuchte ich den geistigen Vater der Öko-Kaschrut, Rabbiner Zalman Schachter-Shalomi. Sein Anliegen ist, ein in jüdischen Traditionen wurzelndes Verhältnis zu Natur und Tier zu finden, das der Gefährdung der natürlichen Ressourcen gerecht wird. Die Öko-Kaschrut erweitert die traditionelle Definition der Speisegesetze. Sie trennt zwischen fleischigen, milchigen und neutralen *(parve)* Lebensmitteln. Zwischen dem Verzehr von fleischigen und milchigen Speisen müssen bis zu vier Stunden vergangen sein. Außerdem sind nur koschere Lebensmittel und Tiere zum Verzehr erlaubt wie Paarhufer, die Wiederkäuer und Pflanzenfresser sind und deren Fleisch geschächtet und nach den Trennungsvorschriften zubereitet wurde. Ausgenommen vom Verzehr sind Tierarten und Lebensmittel, die nicht koscher, das heißt *treife* sind. Dazu gehören beispielsweise gejagte Tiere, Allesfresser wie Schweine, Kriechtiere oder Fische ohne Schuppen. Die Öko-Kaschrut erweitert nun diese Definition, indem sie erstmals ökologische und tierschützerische Aspekte miteinbezieht.

»Den Begriff Öko-Kaschrut,« erklärt Rabbiner Schachter-Shalomi, »habe ich bereits Ende der siebziger Jahre gemünzt. Es reicht heute nicht mehr zu sagen, daß etwas koscher ist. Eine Flasche, die noch nie benutzt wurde, ist nicht koscherer als eine Flasche, die recycelt wurde. Im Gegenteil: wir meinen die benutzte, wiederverwertete Flasche ist koscher. Ist die Elektrizität einer Kernkraftanlage koscher? Darüber wurde noch nicht gesprochen. Aber eines ist gewiß. Sie ist nicht öko-koscher. Gott wollte, daß die Menschen Vegetarier werden. Dennoch erlaubte er, Fleisch zu essen. Aber wenn wir Eier essen, die aus einem Hühner-KZ kommen, dann ist das nicht mehr koscher.«

Sobald ein anderer Umgang zur Natur und Tierwelt gefunden ist, wirkt sich dies nicht nur auf die Produktion von Nahrungsmitteln aus, sondern ebenso auf religiöse Riten und Symbole wie das Kapores-Schlagen von Geflügel zum Versöhnungstag. Es steht noch in der Tradition des Tieropfers und gehört einer Zeit an, als Tiere stellvertretend für die Verfehlungen der Menschen getötet wurden. Schachter-Shalomi plädiert für eine Verinnerlichung dieser oft routinemäßig und ohne Bewußtsein der tieferen seelischen Bedeutung absolvierten Rituale. Die neue Ausrichtung des Bewußtseins, *kavanah*, andernorts als Meditation bezeichnet, ist ein zutiefst jüdisches Anliegen. Leer gewordene Formen erhalten so wieder Inhalt, erscheinen in verändertem Licht, um den globalen Veränderungen ebenso wie dem anderen Verständnis unserer Beziehung zum Tier gerecht zu werden, das auf jener alten jüdischen Tradition beruht: die Seele des Tieres zu erkennen.

Plädoyer für die entrechteten Tiere

Gespräch mit Rabbiner Prof. Dan Cohn Sherbok

Rheinz: Sie sind Professor für Judaistik an der Philosophischen Fakultät des Darwin College der Universität von Kent in Canterbury. Außerdem sind Sie Rabbiner und wohl einer der streitbarsten jüdischen Tierschützer in England. Wie paßt das alles zusammen?

Cohn Sherbok: Ich bin kein Engländer, sondern stamme aus Denver in Colorado. Seit 1975 lehre ich als Judaist und Rabbiner hier an der Universität von Kent in Canterbury, habe jedoch derzeit keine eigene Gemeinde.

Wie viele meiner rabbinischen Kollegen hatte ich zunächst keinerlei Beziehung zu Tieren. Natürlich kannte ich die *Mitzwot* für den Umgang mit Tieren, aber dies ging nicht Hand in Hand mit einer wirklich herzlichen und gefühlvollen Beziehung zu Tieren. Abgesehen von den Vorschriften, die uns die *Kaschrut* auferlegt, machte ich mir auch keine Gedanken über die Haltung von Nutztieren. Auch das Halten von Heimtieren wäre mir überhaupt nicht in den Sinn gekommen. Es stand nie zur Debatte, weder in meiner Familie in Amerika, noch hier in England. Heimtiere waren für mich einfach nicht mit einer orthodoxen Lebensweise vereinbar.

Rheinz: Heute leben Sie und Ihre Frau mit zwei Katzen zusammen. Wie kam es zu diesem plötzlichen Sinneswandel?

Cohn Sherbok: Den Anstoß erhielt ich zunächst von außen und zwar von englischen Tierschützern, allen voran der Bischof von Dover, die sich seit langem dafür einsetzen, daß die grausamen Schlachttiertransporte auf See endlich ein Ende haben und nicht lebende Tiere oft wochenlang unter entsetzlichen Bedingungen zum Schlachthof irgendwo in den Emiraten oder Australien transportiert werden, sondern daß die Tiere hier getötet werden und ihr Fleisch exportiert wird. Vor einigen Jahren ist der Bischof mit der Bitte an mich herangetreten, im Rahmen eines ökumenischen Gottesdienstes als Rabbiner für diese Tiere den Segen zu sprechen. Und so versammelten sich meine christlichen Kollegen und ich als einziger Rabbiner am Hafen, um für die Tiere, die schon verladen waren und ihrem Tod entgegenfuhren, zu beten und sie gemeinsam zu segnen.

Zu diesem Zeitpunkt wurde mein Augenmerk schlagartig auf die Tierschutzproblematik und auf die Tierrechtsbewegung gelenkt, denn nach diesem Gottesdienst kam eine wahre Lawine ins Rollen. Von einem Tag zum anderen stand ich unter massivem Beschuß. Mit Ausnahme der Tierschützer wurde ich von allen Seiten her angefeindet, von der Fakultät, den Wissenschaftler-Kollegen und, was mich am meisten verletzte, von seiten der jüdischen Gemeinden in England.

Rheinz: Als Jude und Tierschützer ist man isoliert. Innerhalb der jüdischen Gemeinschaft gilt man als Spinner ...

Cohn Sherbok: Und sogar als Antisemit! Das hat bei mir dazu geführt, daß ich Gleichgesinnte hauptsächlich unter Nichtjuden finde.

Rheinz: Die jüdische Kritik entzündete sich vor allem daran, daß Sie einen Vergleich herstellten zwischen der industriell organisierten Vernichtung von Menschen und der Massenproduktion und massenhaften Vernichtung und Tötung von Nutztieren und als Jude und Rabbiner von einem »Holocaust der Tiere« sprachen.

Cohn Sherbok: Damit brach ich nicht nur ein Tabu, sondern beschritt ein neues Territorium. Ich verlagerte die Tierschutzdebatte auf die politische Ebene und stellte eine Analogie her zwischen den Juden, die von den Nationalsozialisten vernichtet worden waren und den Tieren, die von der Fleischindustrie ausgebeutet und vernichtet werden, nachdem sie unter erbärmlichen und nicht artgerechten Bedingungen massenhaft eingekerkert wurden. In meinen Augen sind diese Produktionsstätten zur Züchtung von Fleisch den Konzentrationslagern vergleichbar. In beiden Fällen wurden und werden Lebewesen entwürdigt und entrechtet.

Diese heftigen Reaktionen von jüdischer Seite haben mich tief erschüttert. Denn mit meinem Vergleich wollte ich ja keineswegs die Einzigartigkeit des Holocaust in Frage stellen, sondern auf den Skandal hinweisen, daß vergleichbare Praktiken immer noch gang und gäbe sind, ja geradezu Normalität geworden sind. Die Tiertransporte erinnern mich an den erschütternden Anblick, wie Juden in den Güterwaggons der Reichsbahn zusammengepfercht wurden. Und jeder, der einmal gesehen hat, unter welch grausamen Bedingungen die Nutztiere vegetieren müssen, kann nicht umhin, Ähnlichkeiten zwischen den menschenunwürdigen Verhältnissen in den Konzentrationslagern und diesen Fleischproduktionsfabriken festzustellen. Gemeinsam mit einem christlichen Kollegen schreibe ich gerade an einem Buch, um diese Parallelen zwischen dem Holocaust der Menschen und dem Holocaust der Tiere nachzuweisen. Mir ist bewußt, daß dieses Buch einen Aufschrei nach sich ziehen wird. Und unser Ansatz ist ja auch sehr radikal. Aber gerade wir als Juden mit unserer Geschichte der Verfolgung und Entrechtung sollten heute aufstehen und zu Fürsprechern der entrechteten Tiere werden.

Rheinz: Ihre Thesen sind nur nachvollziehbar unter der Annahme, daß Mensch und Tier vor Gott gleichgestellt sind. Und genau daran entzündet sich die Kritik: Sie vergleichen Juden und andere von den Nationalsozialisten verfolgte Menschen mit Tieren.

Cohn Sherbok: Beide wurden und werden zu Opfern und werden in Pogromen gejagt. Warum also diese Abwehr? Ich überlegte mir, was wohl der Grund dafür sein mag, daß es in der jüdischen Gemeinschaft eine so heftige Ablehnung der Tierschutzbewegung gibt.

Rheinz: Obwohl die in der Torah festgesetzten Gebote zum Schutz und zur Pflege der Tiere als die älteste Tierschutzbewegung gelten können.

Cohn Sherbok: Und gerade deswegen ist mir bis heute nicht klar, warum die Haltung von Heimtieren unter Juden so verpönt ist. Und zwar nicht nur in der Ultraorthodoxie. Nach meiner Beobachtung – und ich lebe hier in England in einem ziemlich tierfreundlichen Umfeld – ist es auch unter assimilierten Juden eher eine Ausnahme, im Haushalt gemeinsam mit Heimtieren zu leben.

Rheinz: Sogar in den USA mit ihrer sehr rührigen jüdischen Tierschutzszene war es nicht leicht, Juden zu finden, die nicht nur über Tierschutz reden und sich dafür engagieren, sondern tatsächlich mit Heimtieren zusammenleben.

Cohn Sherbok: Und hier liegt meines Erachtens auch einer der Gründe, warum in den jüdischen Gemeinden kaum Interesse für Tierschutz besteht: Wer sich einmal gefühlsmäßig an ein Tier gebunden hat, den lassen auch die grausamen Lebensbedingungen nicht mehr gleichgültig, die wir den Nutz- und Labortieren aufzwingen. Denn im Grund gibt es keinen Unterschied zwischen einem Hund, einem Pferd und einem Kälbchen. Und jemand, der ein Heimtier hält, hat auch Mitgefühl mit Nutztieren. Jeder, der sein Heimtier liebt, dem wird sich das Herz zusammenziehen, wenn er das jammervolle Schreien der durstenden und angeketteten Rinder hört. Vielleicht gelingt es deswegen nur so wenigen Juden in Europa, den Tierschutz für sich zu entdekken.

Rheinz: Leider gibt es auch das entgegengesetzte psychologische Phänomen: Wissenschaftler, die tagein tagaus mit Tieren experimentieren, lieben ihren eigenen Hund heiß und innig, weil sie die Labortiere eben nur als Biomaterial betrachten. Sich bewußt zu machen, daß man ein anderes Lebewesen töten muß, um es zu essen, ist den Menschen unerträglich und deswegen wenden sie den Blick lieber ab. Und dies ist ja die Aufgabe des *Schochet*, Segenssprüche und Gebete über das Tier zu sprechen, das er schächtet.

Cohn Sherbok: Jetzt kommen wir zu einem sehr umstrittenen Thema, an dem aber kein Weg vorbeiführt: die *Schechita*. In der jüdischen Tradition ist das Tier empfindsam und hat eine Seele. Und eigentlich plädiert der Tanach für den Vegetarismus, dafür gibt es viele Belege. Heute gibt es zahlreiche wissenschaftliche Untersuchungen darüber, wie schmerzlos das Schächten wirklich ist. Ich bin davon überzeugt, daß die Weisen damals eine wirklich schmerzlose Methode finden wollten, aber in der heutigen Zeit kann ich als Jude kein Fleisch essen, weil ich nicht glaube, daß die *Schechita* heute wirklich noch die beste und schmerzloseste Schlachtmethode ist, einmal ganz abgesehen von der Frage der Haltung von Nutztieren. Wir stehen als Juden damit vor einer Paradoxie: Wir können und dürfen die *Schechita* nicht aufgeben, als Tierschützer müssen wir jedoch erkennen, daß sie nicht mehr zeitgemäß ist. Auch das Argument, die Kritik am Schächten sei ein Angriff auf die Freiheit der Religionsausübung, weise ich zurück. Der Fleischverzehr ist nicht unabdingbar für das Judentum. Im Gegenteil: Die einzige Alternative ist meines Erachtens, als Jude vegetarisch zu leben.

III. Das Seufzen der Rinder
Vom Leben und Leiden der Tiere unter Christen

Da wimmelt es nur so von schädlichen, unnützen und mißliebigen Tieren: die dämonische Schlange als Urbild der Versuchung des Menschen ganz am Anfang; unbeliebte Katzen, Widder, Hasen, Affen und Hunde, Löwen und Stiere. Das christliche Mittelalter vermutete den Teufel in Raupen und Würmern, in Mäusen, Vögeln und Schnecken. Die einen wurden exkommuniziert, andere in regelrechten Prozessen verurteilt. Todesurteile gegen Tiere gab es immer wieder. Sie sind reich dokumentiert. Eine namenlose Zahl armseliger, gepeinigter Katzen und Hunde wurde als angebliche Hilfen des Satans auf dem Scheiterhaufen verbrannt.[1] Und auch Martin Luther unterschied zwischen »frommen, ehrbaren Vögeln« und jenen anderen Tieren, gegen die »Zorn und Ernst« angebracht sei: Sperlinge, Schwalben, Elstern, Raben, Mäuse und Ratten.

Neben den Greueltieren versammelt die Geschichte des Christentums zahlreiche freundliche Tierbilder und Tiervergleiche. Ihre Verwendung über viele Jahrhunderte hinweg hat die Phantasien des Menschen grenzenlos beflügelt. Im Kern versucht die Tiersymbolik das Geheimnis der Kreatur, die Ängste des Menschen und die Wunder der heiligen biblischen Geschichte zu verbinden. Religion nimmt teil an der Vielfalt und Abgründigkeit des Lebens, die in der undurchschaubaren Fülle lebendiger, nicht-menschlicher Wesen wahrgenommen wird. Leicht konnte der phantastische Gebrauch von Tiersymbolik zu einer eigenen Art von Religion werden. Tiere werden zu ersehnten und gehaßten Sinnbildern menschlicher Bedürfnisse und Neigungen, guter und böser. So stellte Bernhard von Clairvaux im 12. Jahrhundert angesichts der üppigen Ausgestaltung der Kathedrale von Cluny mit phantastischen Tiergestalten fest, daß dadurch Menschen zu Albernheiten verführt werden, statt »das Gesetz Gottes zu beachten«. Ein ganzer Zoo muß sich für Bernhard im Blick auf die großen sakralen Bauwerke aufgetan haben: »Was tun die unflätigen Affen, die wilden Löwen, natürliche Kentauren, Halbmenschen, gefleckten Tiger, die Widder ...? Man sieht an einem Vierfüßler den Schwanz einer Schlange, dort an einem Fisch den Kopf eines Säugetiers. Hier ein Vieh, vorn Pferd und hinten eine halbe Ziege nachziehend ...«[2]

Bilder: Schafe unter Wölfen

Die überschwengliche Tiersymbolik der Kirchengeschichte mag vieles über die Ängste und Phantasien des Menschen aussagen. Als Ausdruck einer besonderen Nähe zum Tier ist sie nicht zu verstehen. Eher dokumentiert sie das Gegenteil. Tiere werden benutzt, verunstaltet, überhöht und erniedrigt, häufig sogar dämonisiert. Nicht selten geschieht es, um Erfahrungen der Nähe auszuschließen. Wer so in Geist und Phantasie mit Tieren umgeht, wird gegen konkrete Erniedrigungen im Alltag kaum empfindsam sein.

Etwas anderes ist die reiche Verwendung von Tiervergleichen. Hier werden reale, beobachtete Eigenschaften von Tieren auf Menschen übertragen. Bereits im Matthäus-Evangelium gibt es geradezu tierbildliche Verdichtungen: »Siehe, ich sende Euch wie Schafe mitten unter die Wölfe; darum seid klug wie die Schlangen und ohne Falsch wie die Tauben« (Mt 10,16). Der Tiervergleich ist uralte menschliche Kulturtradition, die etwas von der archaischen Bewunderung und dem Respekt des Menschen gegenüber dem Tier bewahrt hat. Juda ist ein Löwe, der Stamm Benjamin ein reißender Wolf. Taube und Adler sind Boten des Friedens oder der Jugend. In einer Religion, die ihren Ursprung bei Abraham, Isaak und Jakob, den halbnomadischen Viehzüchtern hat, ist der Bezug zur Herde, zu Schafen und Lämmern, zum Hirten selbstverständlich. Der Erlöser wird selbst zum »Gotteslamm«, worüber noch zu sprechen wäre.

Und ganz besonders nahe ist uns jenes Bild vom geduldigen Ochsen und sanften Esel, die das Jesuskind in der Krippe bestaunen und verehren. Die biblische Geburtsgeschichte als ein Ereignis von kreatürlich-kosmischer Dimension: die Hirten und die Tiere, die

Weisen aus dem Morgenland und ein Komet, der das neue Zeitalter ankündigt. Kaum einer denkt daran, daß in der Bibel selbst Ochse und Esel, Schaf und Ziege an der Krippe im Stall gar nicht vorkommen. Lediglich die Hirten auf dem Felde wachen bei ihren Herden, als der Bote Gottes zu ihnen tritt.

Dienen die Tiere als schweigende und geradezu unverdächtige Zeugen des großen Wunders, daß sich Gott zum Menschen neigt, so erfahren sie sonst in den Schriften des Neuen Testaments keine besondere Würdigung. Sie sind Ausschmückung, Vertiefung, Garant der Wahrheit, nicht Gegenstand der Verehrung oder gar Partner und Geschwister. Deshalb hatten die Bilder und Vergleiche auch keine Kraft, Widerstände gegen Tierquälereien und Dämonisierungen der Tiere, Entwürdigungen und Frevel aufzubauen. Um gelegentlich aufzuwachen, zur Besinnung zu kommen, das Tier wirklich als Mitgeschöpf in seiner eigenen Würde respektieren zu lernen, bedurfte es anderer Erfahrungen und Erinnerungen. Die jedoch traten in den frühen christlichen Texten der ersten und zweiten Generation nicht offen zutage. Die abendländische Leidensgeschichte der Tiere wäre sonst anders verlaufen.

Nein, das Neue Testament ist kein Buch der Tierfreunde, gar der Tierschützer. Bibelzitate zu suchen, um einen modernen Tierschutz zu begründen, wäre ein wenig erfolgreiches Unternehmen. Das Neue Testament ist die Sammlung von sehr unterschiedlichen Schriften, die gegen 200 n.Chr. zu einer Bibel zusammengefaßt wurden. Alle Texte spiegeln eine bewegte Geschichte des frühen Christentums wider, in der Tiere trotz mancher Tierbilder eine verschwindende Rolle spielen.

Sehnsucht: Das Seufzen der Kreatur

So ist es wohl verständlich, daß die Beziehungsgeschichte Mensch – Tier in ihren positiven und erschreckenden Aspekten zunächst ohne direkte christliche Impulse auskommen mußte. Christen konnten faktisch gegenüber Tieren und ihrem Leid so weiterleben, wie es ihr jeweiliges kulturelles Umfeld vorgab. Eine gewichtige Andeutung bei Paulus (Röm 8,22), die von Seufzen und Sehnen der Kreatur nach Erlösung handelt, dokumentiert zwar ein deutliches Empfinden für die Geschöpfe. Ohne einen lebenspraktischen Hintergrund mußte sie allerdings nur als ein Hinweis verstanden werden, daß auch die Tiere nicht vergessen sind. So blieb das achte Kapitel des Römerbriefs zunächst ohne direkte Konsequenzen und hatte bei den Gemeinden als Aufruf, auch die Kreatur mit ihren Leiden in die große urchristliche Hoffnung auf eine »neue Schöpfung« einzubeziehen, wenig Resonanz. Ähnlich läßt sich auch eine Stelle im Kolosserbrief (Kol 1,20) verstehen, wonach Jesus als der beschrieben ist, »der alles mit sich versöhnte, sei es auf Erden oder im Himmel«. Sollte die Erlösung auch für Tiere gelten? Man hat es nicht wirklich realisiert und geglaubt, was dann auch in der Lebenspraxis allzu offen sichtbar wurde.

Ansonsten belegt ein kurzes Sätzchen im 1. Korintherbrief (1 Kor 9,9) eine fast gedankenlose Grundhaltung des Paulus zum Tier: »Sorgt sich Gott etwa um die Ochsen?« fragt der Apostel dort. Die Antwort lautet: »Nein.« In einem Zusammenhang gesagt, der auf eine alttestamentliche Weisheit Bezug nimmt – »Du sollst dem Ochsen, der da drischet, nicht das Maul verbinden« (Dtn 5,4) – und der eigentlich etwas mit der Entlohnung des Apostels für seine Arbeit zu tun hat, charakterisiert diese kleine Frage ein Stück jener Belanglosigkeit, die der frühen christlichen Sicht auf das Tier eigen zu sein scheint.

Natürlich war das »Alte« Testament, wie die Christen als das »Neue Gottesvolk« die hebräische Bibel bald voller Überhebung nannten, nicht vergessen. Das jüdische Gesetz und die Propheten waren die »Bibel« des Mannes aus Nazareth, der als jüdischer Wanderprediger in einer politisch bewegten Zeit die Nähe Gottes verkündigte. Er forderte die Feindesliebe und konnte dem Alltag kleiner Leute eine hoffnungsvolle Perspektive bieten. Und ganz besonders scheint dieser Mensch aus dem nordisraelischen Galiläa eine Ahnung davon gehabt zu haben, daß die Verhärtung des menschlichen Herzens zu einer Menschheitskatastrophe führen wird. Seine prophetischen Aufrufe zur Friedfertigkeit, zur Barmherzigkeit und zur Sanftmut zielen auf einen veränderten, neuen Menschen nach Leib und Seele. Dieser menschheitliche Paradigmenwechsel blieb realistisch gebunden an eine Regel, die alltäglich und praktisch war. Dem anderen nicht das anzutun, was man selbst nicht von anderen erfahren möchte, war deren Inhalt. Indirekt war damit für spätere Zeiten ein verändertes Verhältnis zum Tier zwingend. Direkt war es zunächst ohne Wirkung.

Manche Historiker sagen, daß die Tiere in frühchristlicher Zeit ganz selbstverständlich als Geschöpfe Gottes betrachtet wurden. Das »Alte« Testament und das Judentum zur Zeit Jesu waren geprägt von einer Ambivalenz, die im Respekt vor der Schöpfung von einer sehr geregelten Nutzung von Tieren lebte. Die frühe Einstellung Israels ist diejenige von Viehzüchtern, die um das Wohl der Kreatur besorgt sind und gleichzeitig Distanz zum Tier halten. Vieles läßt sich aus dieser »Viehzüchterreligion« erklären (siehe hierzu Teil I des Buches): Zahlreiche Regeln machten den Umgang mit Tieren im Judentum durchsichtig. Das Schlachten war geordnet; der archaische Respekt vor dem Leben drückt sich in der Art des Tötens und im Umgang mit Blut aus. Das Tier sollte geschont werden. Der Sabbat galt ganz bewußt auch für die Tiere. Mit Recht hat man hier von dem ersten Tierschutzgesetz der Welt gesprochen.

Es gibt in der hebräischen Erfahrung eine Erinnerung an das Unrecht, das der Mensch dem Tier antut. Natürlich hat eine Religion von Ackerbauern und Viehzüchtern keine Ethik für Vegetarier weiterentwickeln können. Wer so etwas der jüdisch-christlichen Tradition vorwirft, denkt in gewisser Hinsicht ungeschichtlich. Die Erinnerung jedoch, daß Friede mit der Schöpfung nur möglich ist, wenn der Mensch allein von Pflanzen und Früchten des Feldes lebt, hat unübersehbare Spuren hinterlassen.

Erinnerung: Respekt vor den Mitgeschöpfen

Ansonsten bewahrt die für uns nur schwer durchschaubare Praxis, Tiere zu opfern, etwas von der Besänftigung eines tief in der geschichtlichen Erinnerung beunruhigten Gewissens: Kostbares Leben wird im Opfer dem großen göttlichen Spender des Lebens, der Schöpfermacht zurückgegeben. Wenn schon Tötung des Lebens, dann nicht ohne den archaischen Respekt. Daß der Kampf gegen die Kreatur, das Leiden und Töten einmal ein Ende haben müßte, ersehnen sich auch im alten Israel nicht nur die Propheten. Dann wird das Lamm beim Löwen liegen, der Ochse bei der Schlange, es wird der Friede der Kreatur einkehren. Denn der Gott, der Israel nach der geschichtlichen Erinnerung aus der Versklavung herausgeführt hat, der Gott der halbnomadischen Väter Abraham, Isaak und Jakob ist auch der Herr der Schöpfung. Ihm gehören die Kreatur, Pflanze, Tier und Mensch.

Die Schöpfung in ihrer großartigen Fülle kommt in dem schönen Text des Psalms 104 zu voller Geltung. Was wir hier lesen, ist nicht nur lyrische Beschwörung, sondern eine tief verankerte religiöse Grundeinstellung zur Natur. Der Hinweis des Jesus aus Nazareth auf die Schönheit der Lilien auf den Feldern folgt der Schöpfungsnähe der hebräischen Bibel.

Die Einstellung des Judentums zum Tier, zur Kreatur in ihrer Ambivalenz, wie wir es heute sehen, war für den Mann aus Galiläa eine Selbstverständlichkeit. Sein revolutionärer Ruf zielte darüber hinaus auf eine Ent-Härtung des menschlichen Lebens, auf Barmherzigkeit, Friedfertigkeit und Sanftmut, auf eine Radikalisierung des alten Liebesgebotes. All das, so weiß man heute, ist eine Variante innerhalb des jüdischen Lebens und Glaubens.

Es muß viel Energie von dieser Jesus-Gestalt ausgegangen sein. So viel, daß seine Anhänger nach dessen gewaltsamen Tod durch die Römer ganz sicher waren, nun gehe es erst richtig weiter. In einer chaotischen Zeit voll politischer Spannungen, existentieller Offenheit gegenüber neuen Sichtweisen des Lebens und der Ahnung revolutionärer Umbrüche spielte die Vorstellung vom Ende der Zeit eine große Rolle. Das Spezifische der Jesusbotschaft liegt in der unauflöslichen Spannung zwischen Gegenwart und Zukunft: Der Einbruch des Endes, die Basileia, das Reich Gottes ist nichts Fernes. Die neue Zeit beginnt bereits jetzt im Glauben, in der Liebe, in der Hoffnung.

Was soll und was wird im Umbruch aller Werte das Geschick der Tiere sein? Ist nicht alles geregelt? Hat Gott nicht für alles gesorgt? Was sollte für die Heidenchristen gelten, die der selbstverständlichen Orientierung durch das jüdische Gesetz nicht mehr gewiß sein konnten? Was hatten sie von jenem Fleisch zu halten, das sie als Opferfleisch auf den Märkten des römischen Weltreiches zum alltäglichen Verzehr angeboten bekamen? Vieles mußte unbeantwortet bleiben. Aber der Impuls konnte niemals ganz vergessen werden. Ein Gott, der barmherzig ist und Barmherzigkeit fordert, kann langfristig nicht zur Rechtfertigung von Tierleid mißbraucht werden.

Der Blick auf den großen Umbruch verdeckt manches Detail. Kleine Hinweise werden so übersehen. Was etwa ist von jener Stelle zu halten, die wir bei Markus finden? Er allein überliefert das Jesus-Wort: »Geht hin in alle Welt und predigt das Evangelium aller Kreatur.« Der Kreatur? Ist der Mensch der Inbegriff aller Kreatur? Oder gilt das Evangelium auch für die Tiere? Franz von Assisi zu Beginn des 13. Jahrhunderts hat den Jesus-Befehl wörtlich verstanden. Er predigte dem Bruder Esel und den Vögeln. Franz gilt in einer langen, dunklen Geschichte christlichen Desinteresses an der Kreatur als einsamer Zeuge. Er predigte in einer Sprache, so würden wir heute sagen, die von Tieren als konkrete Zuwendung verstanden werden konnte.

Der Markus-Text bleibt ebenso dunkel wie das geheimnisvolle Zusammensein Jesu mit den »wilden Tieren« in der Wüste, von dem die Versuchungsgeschichte berichtet. Auch das finden wir nur bei Markus (Mk 1,12), während Lukas den bedeutsamen Hinweis bereits wegläßt.[3]

Praxis: Hart und herzlos

Mag es stimmen – und es wird noch darzustellen sein –, daß die Frommen, die Mystiker, die Pietisten, die im Innersten religiös berührten Menschen stets wußten, daß Tiere beseelte Wesen, beseelte Kreaturen, vielleicht sogar verleiblichte Seelen sind. Mögen sie unbeirrbar die Nähe Gottes zu seiner Schöpfung erkannt haben, so ist dennoch der alltägliche christliche Umgang mit den Geschöpfen eher eine Schreckensgeschichte. Christlicher Fleischverzicht konnte sich kaum durchsetzen; Gefühle für Tiere wurden unterdrückt; Tieren hat man aus theologischen Gründen die Seele abgesprochen; heidnischen Praktiken, die als schlimmste Tierquälerei erkennbar waren, wurde mitten in christlich geprägten Strukturen nicht widersprochen.

Hätte man sich nur der goldenen Regel des Jesus von Nazareth erinnert oder die Aufforderung zur Enthärtung unseres menschlichen Herzens auch auf das Tier erweitert, hätte man gar die tierschonende Linie des »Alten« Testamentes wiederentdeckt, wäre vieles anders gekommen.

Trotz des konkreten Defizites blieb im Übergang von den ersten Gemeinden des Paulus und seiner Schüler zum frühen Katholizismus des 2. und 3. Jahrhunderts für eine zukünftige, andere Einstellung zum Tier nur eins im Kern bewahrt: ein Wissen von der Güte der Schöpfung insgesamt. Gegen starke zeitgenössische Strömungen, gegen gnostische, manichäistische, dualistische Abwertungen der Schöpfung blieb in einer hellsichtigen dogmatischen Entwicklung des frühen Christentums die Bindung an das alte hebräische Schöpfungswissen erhalten. Hier war und ist bis heute immer wieder der Ausgangspunkt zu finden für eine, auch im Christentum positive Lebensbejahung, für Freude an der Kreatur, für den Respekt auch gegenüber den Tieren.

Aber das Wissen von einer guten Schöpfung, die Gott im Kampf der Kinder des Glaubens gegen die Kräfte der Finsternis nicht fallen läßt, hat allzulange für die Einstellung zum Tier nicht viel bedeutet. Die Erlösungssehnsucht des Menschen und die Ausbreitung der Heilslehre quer durch den Mittelmeerraum standen für die ersten Jahrhunderte des Christentums so im Vordergrund, daß Mitleid mit der Kreatur und Ansätze für eine entsprechende christliche Lebenspraxis im christlichen Abendland für viele Jahrhunderte keine Chance hatten.

Selbst der Islam, der Dritte im Bunde der Abrahamsreligion, der im 7. Jahrhundert in der intensiven Begegnung mit versprengten judenchristlichen und jüdischen Gemeinden auf der arabischen Halbinsel entstand, scheint auf dem Hintergrund seiner besonderen Geschichte eine positivere Einstellung zum Tier zu haben als das Christentum. Dies gilt zumindest für die Theorie. Die Praxis des Umgangs mit tierischem Leben, insbesondere in den arabischen Ländern, spiegelt bis heute allerdings den alten, herzlosen Menschen ebenso wider, wie dies in den christlichen Kulturen der Fall war.

Dem Islam ist wie dem Judentum und dem Christentum im Prinzip klar, daß nichts auf Erden geschieht, was nicht dem Willen des Schöpfergottes entspricht. Auch die Tiere gehören zur Herrschaft des Allmächtigen. Deutlich sagt dies der Koran: »Kein Geschöpf bewegt sich auf Erden, das Er nicht an der Stirnlocke hielte« (Koran 11,57). In Allah ist der Anfang und das Ende. Wie sich im Neuen Testament Gott um alle Dinge sorgt (Mt 6,26f.), so ist auch Allah Anfang und Ende, wie der Tiere so der Menschen.

Der Islam hatte es leichter, den alten monotheistischen Respekt vor dem Tier in Regeln umzusetzen. Er erwartete nicht das Ende, sondern war sehr bald eine einheitliche Lebenswelt, die auch auf weltliche, militärische Expansionen ausgerichtet war. Der Lebensweg des Propheten, der mit seinem Gang von Mekka nach Medina zum Feldherrn wurde, ist detaillierter festgehalten als die wenigen Jahre des jüdischen Wanderpredigers Jesus aus Galiläa.

Der Umgang mit Kamelen und Schafen erforderte für eine Religion, die alle Bereiche des Lebens dauerhaft regeln mußte, genaue Vorschriften, etwa für das Schlachten: »Wenn Ihr schlachtet, dann schlachtet richtig ...« Und zwar mit einer scharfen Klinge und mit dem Kehlschnitt. Für die Jesusbewegung in Galiläa und Jerusalem und die bald folgenden heidenchristlichen Gemeinden, die Paulus im schnellen Durchgang durch das römische Reich vor dem Ende der Tage aufbaute, konnte es solche Regeln nicht geben. Paulus und die frühen Christen hatten nur eins im Sinn: das kommende Reich in der Freiheit vom jüdischen Gesetz aller Welt anzukündigen – nicht ohne Lebensregeln, aber diese waren gebunden an das Zusammenleben in kleinen Hausgemeinschaften, in denen Ungläubige keinen Platz hatten.

Der Islam mußte sich die mühsame Neubestimmung ethischer Fragen nicht leisten. Die einen Tiere sind eben zum Reiten da, die anderen zum Essen, heißt es im Koran (40,79). Und das Judentum hat in der endlosen Fortentwicklung seiner Halacha ebenfalls stets neue Regeln auszulegen gewußt, die zwischen Altem und Neuem immer wieder eine konkrete Balance herstellten. Das Christentum hatte nicht sehr viel mehr als eine Jesusgeschichte, Geburt und Leiden ihres Herrn, die Botschaft von Kreuz und Auferstehung, die Hoffnung auf das Reich Gottes, das schon im Glauben beginnt. Hier lag und liegt seine Stärke und seine Schwäche.

Was könnte es nun bedeuten, daß der christliche Glaube, der sich nach Erlösung sehnt und an der Schöpfungsnähe von Tier und Mensch als Lebenspraxis wenig interessiert ist, ausgerechnet das Lamm zum zentralen Christussymbol macht: Christus, das Lamm Gottes, das zur Schlachtbank geführt wird, die Sünden der Welt trägt und zum Sieger wird? Läßt sich diese »Lamm-Gottes-Theologie« auf einer eher vorchristlichen Ebene als Schlüssel des christlichen Verhältnisses zum Tier begreifen?

Wir wissen, daß Opferhandlungen für die monotheistischen Religionen kein abständiges Traditionsgut sind. Opfer sind unverzichtbare Versöhnungs- und Entlastungsfeste, wann immer sich Menschen, die in einer viehzüchtenden Gesellschaft leben, der Bedingtheit ihres Lebens dramatisch und schmerzhaft bewußt werden.[4] Wir leben von anderem Leben, das uns nahesteht. Auf diesen Grundkonflikt mußte eine monotheistische Religion, die das Leben ernst nimmt, von Anfang an eine entlastende Antwort geben.

Tieropfer als gemeinschaftlich dargebrachte Gabe und Rückgabe von Leben an die Spendermacht, als Dank und Versöhnungsopfer, gab es im alten Israel ebenso wie später im Islam und in anderen Religionen. Was mußte geschehen, daß in Israel Tieropfer ab einem bestimmten Zeitpunkt ihre Bedeutung verlieren? Man könnte darauf hinweisen, daß zivilisationsgeschichtlich die Entfernung des städtischen und kulturprägenden Lebens von seinen agrarischen Ursprüngen eine Ursache sei. Städtische Humanität muß sich dem nahen Tier, das Menschen von Angesicht zu Angesicht schlachten müssen, nicht mehr stellen

In Israel war darüber hinaus die frühe prophetische Kritik an der kommerziellen Entleerung des blutigen Tieropferrituals wirksam. Jesus hat als jüdischer Rabbi die Kritik am Schlachtopfer noch einmal gesteigert. Schließlich stand ab dem Jahre 70 n.Chr. der jüdische Tempel als Ort der Opferung nicht mehr zur Verfügung.

Für das Christentum lagen Tieropfer von Anfang an außerhalb jeder Erörterung. Dies könnte auch als die Kehrseite eines Desinteresses an Tieren interpretiert werden. Eine besondere Herausforderung für die urchristlichen Gemeinden in den hellenistisch-römischen Städten des Mittelmeerraumes war bestenfalls das auf den Märkten angebotene Götzenopferfleisch der Heiden.

Aber das Christentum scheint auf einer höheren Ebene in der Lamm-Gottes-Theologie die uralte Opfervorstellung aufbewahrt und sogar tief in seiner Heilslehre befestigt zu haben. Wenn Christus in einer frühen nachösterlichen Traditionslinie als das Lamm Gottes betrachtet wird, knüpft dies an die jüdische Vorstellung vom Passah-Lamm (Joh 1,29ff.; 1 Kor 5,7 u.a.): »Er trägt die Schuld der Welt.« Dabei verbindet sich mit dem Titel »Lamm« in der urchristlichen Tradition nicht nur das Forttragen der Schuld und der Beginn einer Versöhnung, sondern auch die Vorstellung vom Widder, der kraftvoll herrscht. In der Offenbarung des Johannes, der apokalyptischen Schrift am Ende der Bibel, trägt das mit einer tödlichen Wunde versehene Lamm sieben Hörner als Zeichen der Macht (Apk 5,6).

Im Kontext unserer Fragestellung ist dieser Bezug auffällig und beunruhigend. Welche Schuld trägt das Lamm Gottes? Und warum gerade das Lamm, das früheste Symboltier der neolithischen Revolution? An und mit dem Lamm lernten vor zehntausend Jahren die ersten seßhaften Bauern im Nahen Osten ein Stück warmes, weiches und beseeltes Leben kennen, das sich dem Menschen vertrauensvoll anschloß, um dann von ihm getötet zu werden. Was schwingt in der Lamm-Gottes-Theologie davon noch mit? Immerhin hat das Lamm Gottes, das »Agnus Dei«, die Liturgie und die Kunst des Christentums bis in die Neuzeit hinein zu großartigen Werken angeregt. Wird hier in einer religiösen Neuinterpretation die ursprüngliche Bedeutung des Tieropfers als Besänftigung der Lebensmacht weiter transportiert? Könnte der Verlust eines konkreten Tierbezuges im frühen Christentum dazu geführt haben, daß Entlastung und Entschuldung des Menschen auf eine besonders sublime Weise realisiert werden sollen, die der konkreten Lästigkeit des menschheitlichen Grundkonfliktes mit dem Tier ausweichen kann?

Das Bild vom »Lamm Gottes«, das die Sünde der Welt trägt, ist zweifellos eine hochrangige theologische Konstruktion, die als solche das alltägliche Lebensgefühl des abendländischen Menschen in der Breite nicht geprägt haben dürfte. Insofern hat sie vermutlich das alte jüdische und vorchristliche Schöpfungswissen weder gefördert noch verdrängt. Es ist eher der existentielle Kern, der in der Lamm-Gottes-Theologie herauszuhören ist: der Mensch in seinem Zwiespalt, schuldig und versöhnungsbedürftig, in Dissens mit Gott und der Welt.

Das Tieropfer im Judentum setzt ein Wissen von der Einheit des Lebens voraus. Dem Christentum fehlt dieser Lebensbezug in seinen Ursprüngen. Die christliche Lehre von einer ein für allemal vollzogenen Entschuldung und Versöhnung des Menschen im Opfertod Christi, des »Lammes Gottes«, nimmt dem bleibenden Grundkonflikt des Menschen mit Gott seinen ursprünglichen geschichtlichen Ort. Die Lamm-Gottes-Theologie benötigt das Wissen der alten Opfervorstellung vom Leben nicht mehr und verschafft sich damit Freiheit von jenem Leid, das über das Leid des Menschen hinausgeht.

Mitschuld: Jahrhunderte des Leidens

Was den Tieren in unserer christlich geprägten Zivilisation über die Jahrhunderte hinweg angetan wurde, ist in verschiedener Hinsicht bedrückend. Tiere erfuhren selten Gnade und Barmherzigkeit. Von Gerechtigkeit kann ohnehin keine Rede sein. Manche Tierfreunde und Kritiker der Religion sprechen von einem Totalausfall der christlichen Ethik gegenüber den Tieren. Das alte Schöpfungswissen von einer beseelten Kreatur, der religiöse Respekt und die verborgene Ahnung einer Verwandtschaft zwischen Mensch und Tier konnten sich gegenüber mächtigen anderen Entwicklungen und Interessen keinen Standort verschaffen.

Von Aristoteles, dem »vorchristlichen Kirchenvater«, ließ sich die christliche Theologie allzu gern sagen, daß Tiere von Natur aus für den Menschen und nur für ihn da zu sein haben. Die Sonderstellung des Menschen gegenüber allem anderen Geschaffenen konnte sich in der Synthese von griechischem und christlichem Denken fest in die abendländischen Köpfe und Gefühle einprägen. Besonders das römische Recht trat für fast 2.000 Jahre ohne greifbaren Widerspruch der Christen seinen Siegeszug an. Danach sind Tiere wie Sachen zu behandeln. Sie sind toten Gegenständen rechtlich gleichgestellt.[5] Tierquälerei konnte auf diesem

Hintergrund kaum als solche erkannt und benannt werden. Bestenfalls die Pferde als wertvolle Kampftiere unterlagen einem gewissen Schutz.

Das Erwachen kam spät und mit großem Erschrecken. Entsetzt blicken seit der Mitte des 18. Jahrhunderts Christen und Juden, die das Erbarmen Gottes über den Menschen hinaus auch auf das Tier angewandt sehen wollten, zurück auf das, was die jüdisch-christlich-griechisch-römische Tradition dem Tier angetan hatte: eine gnadenlose Geschichte, grausam und bedenkenlos in der Praxis, anthropozentrisch in der Theorie, stets davon bestimmt, daß Tiere den Menschen zu dienen haben. Man suchte und sucht bis heute nach den Ursachen und glaubte schließlich, sie in jener Grundhaltung der monotheistischen Religionen zu finden, wonach nur der Mensch nach dem Ebenbild Gottes geschaffen sei. Nur dem Menschen komme Unsterblichkeit zu, nur er habe eine Seele, und nur ihm sei die Herrschaft über die Erde, alles Leben, die Tiere und Pflanzen aufgetragen. Hier hat das Elend seinen Ausgang genommen.

Daß die Schuldzuweisungen nicht ganz so einlinig aussehen können, zeigt der Blick in die Geschichte. Komplizierte Zusammenhänge müssen beachtet werden. Sie machen schnelle Antworten heute schwieriger. Die abendländische Schieflage, die zur Abwertung und zum Leiden der Tiere geführt hat, ist tief mit unserer zivilisatorischen Erfolgsgeschichte seit dem Beginn der Seßhaftigkeit verbunden. Erst dann kommen die erwähnte Linie der griechischen Philosophie, das christliche Desinteresse und Vergessen, das römische Recht und schließlich die neuzeitliche wissenschaftliche Neugier und der Kampf gegen Hunger, Angst, Krankheit und Schicksalsschläge. Damit mag heute manches erklärt werden, entschuldigt ist in der Tiefe jedoch nichts.

Seitenlinie: Freunde der Kreatur

Die Religion der Barmherzigkeit und des verborgenen Schöpfungswissens hielt in einer schwachen Seitenlinie dann auch selbst das schlechte Gewissen wach. Die Ahnung, daß auch Tiere in das Liebesgebot einbezogen werden müßten, hat im großen Strom des

Vergessens immer wieder Menschen beunruhigt und auch aktiviert. Einige der Zeugen des Erbarmens mit der Kreatur sind bis heute in Erinnerung geblieben. Auf sie stürzen sich seit über 100 Jahren jene Tierfreunde, die sich trotz aller dunklen Seiten nicht ganz von ihrer religiösen Tradition lösen wollen. Zu ihrer Stärkung und Erbauung vertrösten sie sich mit den immer gleichen, wenigen Gestalten: Hieronymus, Antonius, Augustinus, Franz von Assisi und einige andere.

Nicht zuletzt tauchte Ende des 19. Jahrhunderts ein sogenanntes »Urevangelium« auf, von dem behauptet wurde, es sei in einem buddhistischen Kloster in Tibet gefunden worden. Der aramäische Text, der den Titel »Das Evangelium des vollkommenen Lebens« trägt, enthält neben der biblischen Geschichte, wie sie der Evangelist Markus wiedergegeben hat, zahlreiche Hinweise auf die Tierliebe des Jesus von Nazareth. Besonders auffallend ist dessen Fleischenthaltung: »Ich bin gekommen, die Opfer und die Blutfeste abzuschaffen, und wenn Ihr nicht aufhören werdet, Fleisch und Blut der Tiere zu opfern und zu verzehren, so wird der Zorn Gottes nicht aufhören über Euch zu kommen ...« (21,8). Der urchristliche Vegetarismus, so glaubt man unter christlich orientierten Tierfreunden des aramäischen »Urevangeliums«, sei früh vergessen und verdrängt worden. Auch die den Christen nahestehenden Essener hätten auf Nahrung vom Tier verzichtet. Johannes der Täufer habe nach dem Zeugnis des römisch-jüdischen Geschichtsschreibers Josephus Flavius vegetarisch gelebt wie der griechische Philosoph Pythagoras und seine Schüler, ebenso etliche der Jünger Jesu, die sich nur von Pflanzen ernährten.

Wie immer das historische Gewicht des verborgenen »Urevangeliums« einzuschätzen ist, der Text dokumentiert die offene Wunde der christlichen Religion. Unbestreitbar ist es, daß Tierfreundlichkeit und Fleischverzicht im frühen Christentum von einigen herausragenden Führern der Gemeinde vertreten und gelebt wurden. Dazu zählt der große Theologe Clemens von Alexandrien. Auch der Kirchenvater Augustinus wußte, daß »von dem das Heil der Tiere kommt, von dem das Heil der Menschen kommt«. Lieber würde Augustinus auf allen Weltenruhm verzichten, schreibt Augustinus, als eine Fliege zu töten.

Fasziniert war man frühzeitig von der Geschichte des heiligen Hieronymus. Der Kirchenvater und bedeutende Theologe soll selbst seine beiden Löwen vegetarisch ernährt haben. Hieronymus stieß bei der Übersetzung der Bibel ins Lateinische auf jene Genesis-Stelle, wonach Gott den Menschen grüne Pflanzen zur Nahrung empfiehlt. Er befolgte das Wort fortan, ebenso wie der Heilige Antonius, der sich auch der Fische enthielt. Von Hieronymus wird berichtet, er habe den christlichen Fleischverzicht mit der verborgenen jüdischen Linie des Anfangs verbunden: »Jesus Christus, welcher erschien, als die Zeit erfüllt war, hat das Ende wieder mit dem Anfang (Gen 1,24) verknüpft, so daß es uns jetzt nicht mehr erlaubt ist, Fleisch zu essen.«

Und natürlich gibt es zahllose Legenden und Betrachtungen, die sich mit Franz von Assisi befassen. Er wird als der größte Zeuge christlicher Tierliebe gerühmt. Wie er die Tauben befreite, den wilden Wolf zähmte und den Fischen und Vögeln predigte, hat die christlichen Tierschützer in dunklen Zeiten stets getröstet und belebt. Franz wird in seiner Liebe zum Tier fast zum ersten und einzigen Christen gegen die lange Tradition abendländischer Tierverachtung.

Mittelalter: Tierquälerei theologisch unbedenklich

Hieronymus und Clemens, Augustinus und Franz – das ist die eine, wenig beachtete Seite. Auf der anderen Seite gibt es der Horrorgeschichten viele. Sie haben sich herumgesprochen und sind nicht schlecht dokumentiert. Tierquälerei war im Mittelalter bis in die Neuzeit hinein in Europa durchaus erlaubt. Dazu konnte man sich auch auf einen gewichtigen Lehrer der Kirche, Thomas von Aquin berufen. Seine großartige theologische Definition, daß nur der Mensch ein beseelter Leib sei, nicht jedoch das Tier, hatte weitreichende Folgen. Gegen schädliche Tiere solle man sich ohnehin mit Gebeten, Exorzismen oder Gerichtsklagen wehren, ist von Thomas zu hören.

Die dunklen Geschichten der Tierverachtung und Quälerei zusammenzutragen und zu interpretieren, wäre nützlich und würde manchem modernen Tierfreund wohl genügend Gründe geben, den religiösen Traditionen Europas endgültig den Rücken zu kehren. Da werden Schweine am Strang hingerichtet, weil sie das

Heilige geschändet haben. Da werden Gänse, Hähne, Enten, Katzen, Schweine, Ziegen und Schafe in Spielen gequält, weil ihre Gegenwehr und ihr Angstgeschrei die Freude der Menschen noch zu steigern vermögen. Im »Ganswurf«, der vielfach im Mittelalter und in der beginnenden Neuzeit belegt ist, wurde die lebende Gans mit dem Hals in eine Astgabel gehängt oder an einen Pfahl gebunden. Derjenige Spieler war Sieger, der es vermochte, der Gans mit einem Wurfstock den Kopf abzutrennen. Selbst Schafe, Schweine und Rinder wurden zum Vergnügen der Spieler zu Tode gemartert.[6]

Die menschliche Kreativität im Töten und Erniedrigen der Tiere, die zahllos dokumentierten Quälereien ohne jeden belegten christlichen Widerspruch sind mit Gewißheit nur die Spitze eines Eisberges. Wer darüber hinaus auf die theologischen und philosophischen Bewertungen der Tiere blickt, wird kaum weniger beunruhigt sein. Im Denken auch der fähigsten Köpfe galt wie selbstverständlich, daß die Tiere den Bedürfnissen der Menschen untergeordnet sind.

Als zu Beginn der Neuzeit das Experiment zum grundlegenden Instrument der Durchdringung aller Lebensgeheimnisse und der Welt seinen Siegeszug antrat, konnte dies für die Kreatur nur die schlimmsten Folgen haben. Der biblische Herrschaftsauftrag setzte sich nun in der Dynamik des befreiten weltlichen Denkens ungebremst fort. Nichts mehr war heilig. Als typischer Akzent sei hier nur die Aussage des einflußreichen englischen Philosophen John Locke aus der Mitte des 17. Jahrhunderts angeführt, nach der alles für den Menschen da zu sein hat: »Die Erde und alles, was in ihr ist, ist den Menschen zum Unterhalt und zum Genuß ihres Daseins gegeben. Alle Früchte, die sie auf natürliche Weise hervorbringt, und alle Tiere, die sie ernährt ...« Nun steht der Mensch endgültig ohne jeden Respekt vor der Mitkreatur im Mittelpunkt.

Da hörte sich ein gutes Jahrhundert vorher Martin Luther, der so trefflich auch von »unnützen und schädlichen Tieren« reden konnte, noch etwas neutestamentlich-gebremster an, wenn er die zukünftige Neuschöpfung durch Gott sowohl für Menschen als auch für Tiere erwartete. Luther antwortete in einer seiner bekannten Tischreden auf die Frage, ob Tiere in den Himmel kommen: »Ja freilich, denn Gott wird einen neuen Himmel und ein neues Erdreich schaffen, auch neue Belferlein und Hündlein mit goldener Haut.«[7] Daß Tiere eine besondere Würde oder gar bestimmte Rechte hätten, ist freilich in der Schöpfungstheologie Luthers nicht angelegt. Insofern kann von der lutherischen Reformation auch kein Anstoß zu einer Reformation des abendländischen Umgangs mit dem nicht-menschlichen Leben erwartet werden. Der Mensch bleibt im Mittelpunkt, auch wenn es um seine Rechtfertigung und seine Erlösung durch Gott in Jesus Christus geht. Johannes Calvin, der große Reformator neben Martin Luther, hat dann deutlicher klar gemacht, wie sich eine beginnende »Neue Zeit« bei der Unterwerfung des Tieres unter die menschliche Neugier und Wissensfreude aus dem Geist der Reformation legitimieren kann. Für Calvin ist der Mensch mit der Schöpfung – also den Tieren, den Pflanzen, der Materie – nur durch den Körper verbunden. Verschieden ist er von ihr, weil »er mit einer Seele ausgestattet ist, durch die er seine Kraft zum Leben bekommt«. Die Seele dient auch hier als Argument für die Sonderstellung des Menschen gegenüber der übrigen Kreatur. Mit ihr ist der Mensch bleibend vom Tier getrennt.

Neuzeit: Tiere als Automaten und Maschinen

Konsequent und endgültig vollzieht sich, zwei Generationen nach der Reformation, die Loslösung des Menschen von seinem kreatürlichen Kontext bei René Descartes. Für ihn begründet sich der Mensch im Denken allein: »Ich denke, also bin ich.« Das Denken macht wesentlich das Menschliche aus; das Lebendige als solches hat demgegenüber keine Kraft zur Selbstbegründung des Ich. Descartes vergleicht den tierischen Organismus mit einem Automaten und kann trotz der Bewunderung für den gut konstruierten tierischen Körper keinen Unterschied zu einer Maschine feststellen. Tiere sind sogar die besseren Automaten. Deshalb haben sie auch keinen Geist – so meint der Philosoph –, »und es ist ihre Natur, die in ihnen je nach der Einrichtung ihrer Organe wirkt, ebenso offensichtlich wie eine Uhr, die nur aus Rädern und Federn gebaut ist, genauer die Stunden zählt und die Zeit messen kann, als wir mit all unserer Klugheit«.[8] Ein Schüler Descartes glaube sogar, daß Tiere deshalb keine Seele haben dürften, weil sie sonst leiden, und ein gerechter Gott könnte Tiere nicht leiden lassen. So konnte er das Geheul seines gequälten Hundes mit dem Wort kommentieren: »Tut nichts ... Das ist nur eine Maschine!« Tiere seien »Marionetten«, war auch im Gefolge von Descartes zu hören. Sie waren definitiv Wesen ohne Empfindung und ohne jede Leidensfähigkeit, wie man es philosophisch und theologisch lange vorher bereits festgelegt hatte.

Die Auseinandersetzung um die philosophische Degradierung der Tiere zu Maschinen und Marionetten war heftig. Widerspruch ließ nicht lange auf sich warten. Frühzeitig bereits wurde darauf hingewiesen, daß die Nichtexistenz eines tierlichen Bewußtseins keinesfalls beweisbar sei. Und auch die Leidensfähigkeit der Tiere ließ sich gegenüber genauen Beobachtungen kaum verbergen. Aber René Descartes' Ansatz erwies sich als wirkungsvoll und gebrauchsfähig. Mit ihm konnten die aufkommenden qualvollen Untersuchungen an lebenden, unbetäubten Tieren entschuldigt werden. Rechtlich galt die Vivisektion ohnehin bereits seit alten Zeiten als unbedenklich.[9]

Er waren merkwürdigerweise nicht nur empfindliche Humanisten, sondern besonders fromme Pietisten und ernsthafte Christen, die deutlicher und schneller als viele andere im 18. und 19. Jahrhundert erkannten, daß man so, wie seit langem ausgedacht, mit Tieren nicht umgehen dürfe. Warum, so könnte man fragen, kam Widerspruch ausgerechnet aus dieser religiösen Landschaft und nicht von Vertretern der aufgeklärten Bibelwissenschaften oder der orthodoxen Lehre? Sind im Vollzug des Glaubens, wenn er denn wirklich in der Tiefe erfaßt wird, Schöpfung und Schöpfer etwa dichter beieinander, als es die offizielle Dogmatik will, zumindest die christliche? Die Nähe der Schöpfung zu ihrem Schöpfer ist eine mystische Erfahrung, die Religionsgrenzen überschreitet. Sie trifft sich mit jener radikal-poetischen, hymnischen Verdichtung der Welt, die den Psalmen ebenso eigen sein kann wie etwa den Gedichten Rainer Maria Rilkes. Das Tier wird hier wie dort gesehen in seiner eigenen, unableitbaren Zugehörigkeit zum Ganzen der Welt, in seinem »Sein in Gott«.

Vielleicht bewirkt auch die Barmherzigkeit, die zum Wesen jeder mystischen Frömmigkeit gehört, einen veränderten Blick auf das Tier. Als religiöse Weisheit ist das Wort der schwäbischen Pietisten bekannt, nachdem es Tiere im Stalle merken, wenn sich der Bauer bekehrt. Es war dann auch ein pietistischer Theologe, Christian Dann, der Anfang des 19. Jahrhunderts ein eigenes Tier- und Naturschutzkonzept entwickelte.[10] Manche Kirchenlieder jener Zeit bezeugen den neuen freundlichen Blick auf die Tiere und ihr Leid. Im Biberacher Gesangbuch von 1802 werden die Gläubigen zu einem »pflichtgemäßen Betragen gegen Thiere, Pflanzen und Bäume« aufgefordert.

Die Kreatur gehört dem Schöpfer und nicht den Menschen, weiß man dort. Dies ist der erste Schritt hin zur Wahrnehmung einer Eigenwürde, die jedem Tier als Geschöpf zukommen muß; und es ist der fromme versteckte Hinweis auf eine artübergreifende Sicht, die den Menschen dorthin rückt, wohin er gehört: zur Kreatur als Kreatur.

Der erste deutsche Tierschutzverein wird von Albert Knapp, einem Stuttgarter Pfarrer, gegründet. In seiner Tierschutzethik mit dem Titel »Das ängstliche Harren der Kreatur« (1843) versucht der fromme Schwabe einen Bezug zur neutestamentlichen Sicht der Kreatur herzustellen.

Noch früher als in Deutschland hatte in England bereits der Gründer der methodistischen Kirche, John Wesley, Barmherzigkeit für die Tiere gefordert. Gott werde Rechenschaft für alles einholen, was Tieren an Leid vom Menschen angetan würde. In Oxford, das bis heute ein Zentrum auch des christlich orientierten Tierschutzes ist und mit Andrew Linzey[11] einen herausragenden Tierethiker und Theologen hat, brachte John H. Newman schon 1772 das Leiden der Tiere mit dem Leiden Christi in Verbindung. In der offiziellen christlichen Theologie mußte dies als ein Skandal betrachtet werden.

Die großen christlichen Kirchen und ihre Theologen ließen sich von Einzelstimmen nicht irritieren. Lediglich ein Name darf in diesem Zusammenhang nicht unerwähnt bleiben: Hans Lassen Martensen, ein dänisch-lutherischer Bischof, der sich dem Spott des

Philosophen Sören Kierkegaard vielfach aussetzen mußte, schrieb 1854 eine ungewöhnliche »Christliche Ethik«. Martensen forderte seine Zeitgenossen dazu auf, die Natur nicht zu verachten, sondern sie in Übereinstimmung mit dem Schöpfergedanken zu betrachten und zu pflegen: »Der Mensch muß die Natur mit Humanität behandeln«, erklärte er seinen erstaunten Zeitgenossen.

Aber Mitkreatürlichkeit und Mitgeschöpflichkeit waren damals und für lange Zeit noch nicht gefragt. Auch die moderne Theologie des späteren 19. und des 20. Jahrhunderts bis in unsere Tage verfolgte statt der Mitgeschöpflichkeit eher die Mitmenschlichkeit. Man war an existentiellen oder sozialen Fragen interessiert, an der Beziehung des Menschen zum Menschen und dessen gesellschaftlichen Institutionen. Wenn es um das moderne Thema der Verantwortung aus christlicher Ethik ging, waren die Natur, die Tiere und die Pflanzen, Luft, Boden und Wasser noch nicht im Blick. Erst unter dem äußeren Druck der ökologischen Krise in der zweiten Hälfte des 20. Jahrhunderts beginnt ein Umdenken auf breiter Front.

Albert Schweitzer: Ehrfurcht vor dem Leben

Aber es gibt noch einen anderen Zeugen, der neben Franz von Assisi fast zu einem Heiligen des christlich orientierten Tierschutzes wurde: Albert Schweitzer. Der Urwalddoktor und gebildete Theologe lag mit seiner grundlegenden Ethik der »Ehrfurcht vor dem Leben«, die dem Menschen einen vertieften Zugang zur Schöpfung, zum nicht-menschlichen Leben ebenso wie zum menschlichen eröffnet, quer zur offiziellen Kirchentheologie. Man bewunderte ihn zwar, überließ ihn allerdings lieber der Verehrung durch das außerchristliche Lager.[12]

Für Schweitzer ist alles Geschaffene heilig: »Wir sind Leben, das leben will, inmitten von anderem Leben, das leben will.« Die Ehrfurcht vor dem Leben ist allem Leben in gleicher Weise verpflichtet. Der Einfluß des indischen Denkens ist im Denken des Christen Albert Schweitzer deutlich spürbar. An der indischen religiösen Tradition schätzt er besonders die selbstverständliche Zusammengehörigkeit aller Existenzen, der menschlichen, der tierischen und der pflanzlichen. Schweitzer glaubt allerdings nicht, daß die Orientierung an der indischen, der brahmanischen und buddhistischen Tradition die europäische Kultur ersetzen könnte. Bei den Brahmanen entstehe das Gebot des Nichttötens und des Nichtschädigens der Kreatur nicht aus Mitleid, sondern zunächst aus der Idee des Reinbleibens, aus dem Prinzip der Welt- und Lebensverneinung. Bei Buddha, so sieht es Schweitzer, tritt dann das Motiv des Mitleids nach vorn.[13] Schweitzer orientiert sich in seiner Ehrfurcht vor dem Leben deshalb stärker an einer biblischen Ethik der Liebe, da das indische Mitleid mit der Kreatur eher unvollständig sei: »Es gebietet nur, daß man das Töten und Schädigen von Lebewesen unterlassen solle, nicht aber auch, daß man ihnen in tätiger Weise beistehen solle.« Die Ehrfurcht vor dem Leben ist deshalb für Schweitzer eine ins Universelle gewendete Ethik der Liebe und der aktiven Leidverminderung: »Die Ethik der Liebe zu allem Geschaffenen im Einzelnen auszudenken: dies ist die schwere Aufgabe, die unserer Zeit gestellt ist.«[14]

Ein halbes Jahrhundert nach Albert Schweitzer gibt es trotz zahlreicher Einzelbemühungen noch immer keine umfassende christliche Theologie der Schöpfung, die den Tieren und den Pflanzen eine zentrale Bedeutung zumißt. Aber die Probleme drängen nach vorne. Christliche Initiativen für die Tiere gibt es mittlerweile in Australien ebenso wie in England, in Deutschland, den Vereinigten Staaten, Italien und anderswo. Und wenn auch keine ausgeführte Theologie unter Einbeziehung des nicht-menschlichen Lebens vorliegt, so hat doch der Begriff der »Mitgeschöpflichkeit« Wirkung gezeigt. Von »Mitgeschöpflichkeit« wird im novellierten Tierschutzgesetz von 1986 der Bundesrepublik gesprochen: Es war der Züricher Theologe Fritz Blanke, der 1959 in einem Aufsatz »Unsere Verantwortlichkeit gegenüber der Schöpfung« von der »Verpflichtung zur Mitgeschöpflichkeit« sprach.[15] Das Tierschutzgesetz bezeichnet Tiere heute zwar als »Mitgeschöpfe«, hält jedoch deren Wertschätzung im einzelnen nicht durch. Fritz Blanke forderte damals – wie er sagte –, »die elementare Welt in den Bereich der christlichen Ethik hineinzunehmen«. Und natürlich stand auch bei ihm Albert Schweitzer im Hintergrund: »In der Gegenwart sollte der Mensch zum Schutzengel der Geschöpfe werden ...«

In der Tat wirken heute in Europa überall jene Christen, die sich für Tiere einsetzen, ein wenig wie »Schutzengel«: Auffallende Persönlichkeiten, die meist mit großer persönlicher Konsequenz auf die katastrophalen Zustände hinweisen und mit spektakulären Aktionen Widerspruch hervorrufen. Das evangelische Pfarrerehepaar Christa und Michael Blanke in der Wetterau gehört dazu. In ihrem »Glauberger Schuldbekenntnis« von 1988 erklären sie u.a.: »Wir haben als Christen versagt, weil wir in unserem Glauben die Tiere vergessen haben ... Wir waren als Kirche taub für das Seufzen der mißhandelten und ausgebeuteten Kreatur.« Wer Christa Blanke besucht, hört Sätze wie diese: »Jedes Tier hat ein Recht auf Leben, sein Glück und seine Freiheit.« Oder: »Gott hat die Tiere zu seiner Freude gemacht, nicht, damit sie uns dienen.«[16]

Derzeit organisiert Christa Blanke eine Aktion, die sich »Europa erbarme Dich« nennt: Ab Frankfurt an der Oder, wo viele Tiertransporte durchkommen, versucht man in kleinen Gruppen quer durch Europa hinter Tiertransportern herzufahren. Die Tierschützer, an deren Fahrzeug ein Transparent mit der Aufschrift: »Tier-Todes-Transport – Europa erbarme Dich« klebt, sprechen die Fahrer nicht an. Dennoch zeigt die ziemlich unspektakuläre Aktion bereits Wirkung. Es gibt Schreiben der Transportunternehmen, die auf die Störungen der Tierschützer hinweisen und ihre Fahrer auffordern, die Transporte vorschriftsgemäß zu versorgen, z.B. den Tieren nach bestimmter Zeit Wasser zu geben.

Unter den verschiedenen Initiativen wäre z.B. auch Johanna Wothke zu nennen. Sie gründete 1983 den Verein »Pro Animale – Für Tiere in Not«. Frau Wothke kauft Tiere frei, die sonst in die Versuchslabors gegangen wären, und bemüht sich um das Elend der Straßentiere, besonders im Süden Europas: »Alle Geschöpfe der Erde lieben, leiden und sterben wie wir«, zitiert Johanna Wothke Franz von Assisi, »also sind sie uns gleichgestellte Werke des allmächtigen Schöpfers.« Pro Animale hat heute 4.000 Mitglieder und unterhält neben dem Tierhaus in Uetzing eine Tierherberge im Schwarzwald, Notstationen für Straßentiere in Spanien und in der Türkei, einen »Gnadenhof« in Polen für freigekaufte Pferde aus dem Schlachttiertransport und weitere Tierhäuser in Griechenland, Rußland und Irland.

Wie andere christlich engagierte Tierschützer übt Johanna Woth-ke heftige Kritik an Kirche und Theologie. Noch immer sei der Mensch dort Ziel und Höhepunkt der Schöpfung, sozusagen das Maß aller Dinge. Diese Haltung gegenüber Tieren sehe man deut-lich in der Neuauflage des katholischen Katechismus von 1993 ausgedrückt. Dort heißt es: »Gott hat die Tiere unter die Herr-schaft des Menschen gestellt, den er nach seinem Bilde geschaffen hat. Somit darf man sich der Tiere zur Ernährung und zur Her-stellung von Kleidern bedienen. Man darf sie zähmen, um sie dem Menschen bei der Arbeit und in der Freizeit dienstbar zu machen. Medizinische und wissenschaftliche Tierversuche sind in vernünftigen Grenzen sittlich zulässig, weil sie dazu beitragen, menschliches Leben zu heilen und zu retten.« Als verbindliche Glaubenslehre kann die Christin Johanna Wothke diese Aussage nicht akzeptieren: »Heißt das nicht, daß die Kirche die Hände in Unschuld wäscht am millionenfachen Leid der Geschöpfe Got-tes, heißt das nicht, daß die Kirche die Tiere zum Freiwild für den Menschen deklariert?« fragt sie.

Nachdenken: Der Irrtum der Kirchen

Vergleichbare Initiativen gibt es auch in anderen europäischen Län-dern. In Rom stößt der Interessierte schnell auf Monsignore Ma-rio Canciani, einen einflußreichen Priester, an dem sich die Gei-ster scheiden. Mario Canciani ist seit vielen Jahren Vegetarier und hat sich als katholischer Priester vielfach mit anderen Religionen auseinandergesetzt. Das unschuldige und wehrlose Leiden der Tiere hat ihn immer beschäftigt. Er hält es für einen furchtbaren Irr-tum der christlichen Kirche, allein den Menschen in den Mittel-punkt ihrer Heilslehre zu stellen, die Tiere hingegen nicht in die-se Sicht einzubeziehen. »Leider gibt es in der katholischen Kirche immer noch viele«, sagt er, »die die Tiere für schmutzig und böse halten und ihnen die Seele absprechen. Aber die Tiere sind Gottes Geschöpfe wie wir, in allem, was existiert, ist die Spur, ist der Gedanke Gottes.«
Eine sehr frühe Verbindung von Tierschutz und Kirche gibt es in England. Heute ist Oxford führend im Bereich »Umwelt und

Ethik« und steht in enger Verbindung mit dem »International Fund for Animal Welfare« (IFAW). Es war deshalb naheliegend, daß die weltweit erste Professur für »Ethische und theologische Aspekte des Tierschutzes« am Mansfield College eingerichtet wurde. Inhaber des Lehrstuhles ist der Theologieprofessor Andrew Linzey. Im Sommersemester 1993 hielt er die ersten Seminare über eine »Theologie der Tierrechte«.

In seinem kürzlich erschienenen Buch »Animal Theology« plädiert Linzey für einen »theologischen Selbsthilfeprozeß«, um die christliche Theologie endlich von ihren Degenerationserscheinungen und ihrer Überheblichkeit zu befreien.[17] So manchem in der »Church of England« schmeckt das gar nicht. Viele versuchen, Linzey abzuwerten oder ihn totzuschweigen. Die wenigsten treten öffentlich gegen ihn auf, wie John Habgood, der frühere Erzbischof von York, der den Tieren, weil sie keine moralische Verantwortung tragen können, auch jegliche Rechte abspricht.

In Deutschland gibt es seit den späten 70er Jahren erste offizielle, wenn auch zaghafte kirchliche Stellungnahmen zum Thema »Kirche und Tier«. Die katholische Bischofskonferenz erklärte 1980 in einem Wort über die »Zukunft der Schöpfung – Zukunft der Menschheit«: »Es ist ... nicht zu verantworten, daß Tiere, die fühlende Wesen sind, ohne ernste Gefühle, etwa bloß zum Vergnügen oder zur Herstellung von Luxusprodukten, gequält und getötet werden.«

Auch eine Landwirtschaftsdenkschrift der evangelischen Kirche in Deutschland faßte sich 1984 ein Herz und meinte: »Wenn die Kirche die Barmherzigkeit Gottes verkündet, gilt diese dann nicht auch für die uns anvertrauten Tiere? ... Alle Kreatur gehört mit dem Menschen in Solidarität zusammen.«

Wie kein anderer hat ein Soziologieprofessor aus Karlsruhe seit den 60er Jahren die Tierschutzproblematik engagiert und unermüdlich nach vorne gebracht. Zunehmend wurde er dann auch in den beiden Kirchen gehört, zumal er sich auf die ethische Problematik des Christentums immer stärker einließ. Es ist Gotthard M. Teutsch, der Gerechtigkeit für Mensch und Tier fordert, Humanität als Grundlage des modernen Tierschutzes einklagt, Barmherzigkeit und Solidarität mit den Leidenden dieser Welt, mit »Kindern, Unterdrückten und eben Tieren« geradezu einhämmert.[18] Teutsch ist es mittlerweile gelungen, mit großer wissenschaftlicher Genauigkeit und unter Beachtung auch des kleinsten Fortschrittes zum Wohl der Tiere auf allen Ebenen des Tierschutzes gehört zu werden. Selbst auf die fortschrittliche Gesetzgebung in der Schweiz hat er Einfluß nehmen können. Teutsch bemüht sich derzeit, bei der nächsten Novellierung des deutschen Tierschutzgesetzes in den § 1 die geschöpfliche Würde der Tiere einzubeziehen. Dies hätte erhebliche Konsequenzen von den heutigen Tierhaltungs- und Tötungssystemen bis zu den weitreichenden Möglichkeiten der Gentechnologie.

Obwohl vielfach selbst Motor einer neuen Einstellung zum Tier auch im kirchlichen Bereich klagt Teutsch noch immer: »Für Tierschützer sind es alles nur Brosamen, die vom Tisch christlicher Barmherzigkeit fallen, solange der Tierschutz immer nur nebenbei erwähnt wird, solange die Mitgeschöpfe von der sonntäglichen Fürbitte ausgeschlossen bleiben und solange die Kirchen in ihren eigenen Einrichtungen, wie Krankenhäusern, Akademien, Schulen, Kinder- und Altenheimen, immer noch Produkte aus tierquälerischer Massentierhaltung verbrauchen oder gar selbst produzieren.«

Immerhin konnte im Jahre 1991 unter dem Motto »Verantwortung des Menschen für das Tier als Mitgeschöpf«[19] ein offizieller Text der Evangelischen Kirche in Deutschland (EKD) erscheinen, der in einigen zentralen Teilen auf G. M. Teutsch zurückgeht. So gibt es in dieser kirchlichen Stellungnahme zwar zahlreiche Kompromisse und Einschränkungen, die besonders die unveräußerliche und höhere Würde des Menschen gegenüber dem Tier herauszuheben versuchen. Auch sind die Konsequenzen für das konkrete Verhalten gegenüber Schlachttieren, der Jagd, der Pelzgewinnung, dem Tierhandel und vielem anderen eher schwach. Dennoch wird unzweifelhaft deutlich, daß die Tiere »unabhängig von ihrem Nutzwert einen eigenen Sinn und Wert« erhalten müssen. Im Verhältnis zu den Tieren gehe es um Gerechtigkeit: »Das Tier ist nicht nur wegen seiner Nähe zum Menschen und nach Maßgabe seiner Menschenähnlichkeit zu akzeptieren, sondern gerade auch in seiner Andersartigkeit, die nicht als abwertender Mangel zu verstehen ist.«

Perspektive: Eine evolutive Theologie
der Mitkreatürlichkeit

Leider hat der Diskussionsentwurf der evangelischen Kirche von 1991 zu keiner theologischen Diskussion geführt. Reaktionen beziehen sich auf Einzelfragen, wobei jeder darauf bedacht ist, seine Interessen nicht zu verletzen. So könnte es sein, daß die zwiespältige Einschätzung der Problematik auch etwas mit mangelnder theologischer Lebendigkeit zu tun hat. Vermutlich wird das christliche Interesse an »mehr Tierlichkeit, mehr Pflanzlichkeit, mehr Mitkreatürlichkeit« erst dann glaubwürdig und in der Breite wirksam, wenn die Schöpfung wirklich als das begriffen wird, was sie ist, nämlich als werdende Schöpfung, als Evolution. Wie leidenschaftlich weigern sich Christen seit über 100 Jahren, »Schöpfung als Werden« zu begreifen! Wie wenig sind sie bis heute bereit, ihre alte religiöse Sprache auf das hin zu überprüfen, was wir heute wissen können. Wie skeptisch und beiläufig betrachten sie eine der fundamentalsten Einsichten der Neuzeit, daß nämlich alle auf der Erde lebenden Tiere und Pflanzen nicht von Anfang an existieren, daß sie vielmehr im Verlauf langer Zeiträume durch einen gewaltigen, höchst komplexen Entwicklungsprozeß hervorgebracht wurden, Tiere wie Menschen.

Erst aus der Perspektive einer evolutiven Theologie steht der Mensch wirklich nicht mehr im Mittelpunkt des Weltgeschehens. Nun muß er zunächst mit dem übrigen belebten Kosmos zusammen gesehen werden. Nun erst ist die Einheit des Lebendigen wichtiger als die Differenz und die Abgrenzung. Und erst aus dieser Sicht wird man begründet von einer geschöpflichen Würde auch der Tiere mit allen Konsequenzen sprechen können.

So müßte eine grundsätzlich veränderte christliche Haltung zum Tier nicht nur von der Barmherzigkeit ausgehen. Wenn christliches Schöpfungswissen und Evolution zusammen gesehen werden, rücken sich Mensch und Tier, Pflanze und Natur in einer Weise nahe, die bleibenden Respekt und Ehrfurcht vor allem Lebendigen zur Richtschnur des persönlichen und gesellschaftlichen Handelns macht.

Nach einer bald 2000jährigen Geschichte der Entrechtung und Entwürdigung des nicht-menschlichen Lebens, die am Ende des 20.

Jahrhunderts zu katastrophalen Folgen führt und heute jedermann vor Augen liegt, muß eine monotheistische Religion, insbesondere die christliche, zu den Wurzeln ihres Schöpfungswissens zurückkehren. Das Seufzen von Millionen Rindern, die 1996 in England und anderswo eilig getötet werden müssen, darf nicht zum letzten Akt unseres europäisch-abendländischen Dramas im Umgang mit Tieren werden. Ohne den alten und neuen Respekt vor dem Leben in seiner geschichtlichen Komplexität, Schönheit und Eigenwürde wird der Mensch als Kreatur unter Kreaturen keine Überlebenschance haben.

Anmerkungen

1. Alfons de Nola, Der Teufel, München 1990, S. 366ff.
2. Siehe: Otfried Reinke, Tiere, Begleiter des Menschen in Tradition und Gegenwart, Neukirchen-Vluyn 1995, S. 48.
3. Es ist nicht verwunderlich, daß die Literatur zum Thema: »Tier – Mensch im Neuen Testament« nicht allzu zahlreich ist. Natürlich gibt es viele Bemühungen um das Schöpfungsverständnis insgesamt. Daneben findet man einige engagierte Aufsätze, die sich mit Einzelfragen befassen. So z.B.: Karlheinrich Rengstorf, Tiere in der Verkündigung Jesu, in: Festschrift für Leo Brandt, Köln 1968, S. 377-396. Erich Fascher, Jesus und die Tiere, in: Theologische Literaturzeitung 90, 1965, S. 562-570; Erich Gräßer, Neutestamentliche Erwägungen zu einer Schöpfungsethik, in: Wissenschaft und Praxis in Kirche und Gesellschaft 68, 1979, S. 98-114; Klaus Kürzdörfer, Das Harren der Kreatur, in: Lutherische Monatshefte 3/95, S. 23-27. Monographien sucht man eher vergeblich, siehe: Georg Siegmund, Tier und Menschen, Frankfurt 1958.
4. Siehe hierzu Kap. 1.
5. Zur Entwicklung des Tierschutzes im abendländischen Denken: Uta Hahn, Die Entwicklung des Tierschutzgedankens in Religion und Geistesgeschichte. Diss., Hannover 1980.
6. Erik de Froede, Menschen spielen mit Tieren ..., in: Mensch und Tier, Hessische Blätter für Volks- und Kulturforschung 27, Marburg 1991, S. 62ff.
7. Zit. bei: Otfried Reinke, a.a.O., S. 13.
8. René Descartes, Methodenlehre, Hamburg 1964.

9. Siehe hierzu das aufschlußreiche Buch eines Pfarrers aus den 70er Jahren: Ebermuth Rudolf, Vertrieben aus Eden, München 1979.

10. Hierzu: Artikel »Pietismus«, in: G.M. Teutsch, Lexikon der Tierschutzethik, Göttingen 1987.

11. Siehe das Gespräch mit Andrew Linzey, S. 121ff.

12. Albert Schweitzer, »Die Ehrfurcht vor dem Leben«, Grundtexte aus fünf Jahrzehnten, München 1984, bes. S. 13ff., 92ff.

13, Albert Schweitzer, a.a.O., S. 94.

14. Albert Schweitzer, a.a.O., S. 98.

15. Fritz Blanke, Unsere Verantwortung gegenüber der Schöpfung, in: Der Auftrag der Kirche in der modernen Welt, Festgabe Emil Brunner, 1959, S. 195.

16. Christa Blanke, Da krähte der Hahn, Eschbach 1995.

17. Andrew Linzey, Animal Theology, London 1994.

18. Gotthard M. Teutsch, Mensch und Tier, Lexikon der Tierschutzethik, Göttingen 1987; dort ein Verzeichnis der zahlreichen Arbeiten Teutschs auf S. 297.

19. Epd-Dokumentation 51a, 1991.

»Endlich begreifen, daß Tiere Rechte und eine Würde haben«

Interview von Renate Beyer mit dem Theologen und Tierethiker Professor Andrew Linzey

Der englische Theologe Andrew Linzey, international beachteter Streiter für die Rechte der Tiere, hat dreizehn Bücher und zahllose Artikel zum Thema »Tiere und Theologie« veröffentlicht. Am Mansfield College in Oxford lehrt er seit 1993 eine »Theologie der Tierrechte«.

Beyer: Sie beschäftigen sich seit Jahren mit dem moralischen Status von Tieren aus einer theologischen Perspektive. Gibt es also eine Beziehung zwischen Tieren und Christentum und wie ist sie begründet?

Linzey: Manche Leute erkennen diese Beziehung nicht gleich –, tatsächlich jedoch ist die Beziehung zwischen Tieren und Christentum gewaltig und unübersehbar!

Grausamkeit gegen Tiere ist keine zweitrangige Angelegenheit, wie manche Christen annehmen, sie ist ein sehr ernst zu nehmendes Thema für Christen. Was wir Millionen von Tieren an Schmerz, Leid und Tod zufügen, das stellt meiner Meinung nach eines der wichtigsten moralischen Probleme aller Zeiten dar. Mehr noch, es greift den Kern des Evangeliums an. Dieses Evangelium ist die frohe Botschaft der unbesiegbaren Liebe Gottes – nicht nur für den Menschen sondern für alle Kreaturen. Der Gott Abrahams, Isaaks und Jakobs und insbesondere der Gott, den Jesus verkündigte, liebt *alle* Geschöpfe.

Für die Rechte der Tiere einzutreten, das ist an erster Stelle eine geistige Aufgabe. Ich sehe darin vor allem eine spirituelle Grundhaltung, einen spirituellen Kampf. Die Christen müssen zu einer neuen inneren Haltung finden, zu einer, die sie befähigt, zwei bedeutende Wahrheiten des Evangeliums in sich aufzunehmen: die erste ist, daß Tiere Geschöpfe Gottes sind und nicht etwa das Eigentum des Menschen. Tiere sind weder nützliche

Dinge, noch Ressourcen, noch Waren, die unserer Bequemlichkeit dienen, sie sind vielmehr kostbares Leben – von Gott gewollt.

Die zweite Wahrheit ist, daß das Leiden der Tiere dem Leiden Christi gleicht. »Bedenkt die Gefühle, meine Brüder,« predigte John Henry Newman 1842 in Oxford, »die in euch aufkommen, wenn ihr euch die Grausamkeit an den unvernünftigen Tieren vergegenwärtigt, und ihr werdet eine Vorstellung jenes Gefühls erlangen, das die Geschichte des Kreuzes und des Leidens Christi in euch aufrühren soll.«

Christen, deren Blick auf die Schrecken der Kreuzigung gerichtet ist, sind in besonderem Maße fähig, die Schrecken unschuldigen Leidens zu verstehen. Das Kreuz Christi ist die absolute Identifikation Gottes mit den Schwachen, Machtlosen und Verwundbaren, vor allem aber mit den *unschuldig* Leidenden.

Der Schutz der Tiere ist gleichermaßen eine moralische Forderung wie eine Forderung des Evangeliums. Grausamkeit gegen Tiere ist unvereinbar mit dem neuen Leben in Christus.

Beyer: Aber die heutigen Christen scheinen kein besonderes Interesse am Schutz der Tiere zu haben. Ignorieren nicht die christlichen Kirchen fast immer die Grausamkeiten, die an den Tieren begangen werden?

Linzey: In der Tat sind es die Christen unserer Tage, die den Geist des Evangeliums am schlimmsten verraten. Unglücklicherweise sind die Kirchen, die eigentlich die *Führung* in der Bewegung zum Schutz der Tiere haben sollten, noch nicht einmal eingebunden in diese Bewegung.

Es gibt zum Beispiel nicht eine einzige römisch-katholische Autorität in Spanien, die sich gegen den Stierkampf ausspricht. In Kanada unterstützen anglikanische und katholische Bischöfe die Jagd auf Seehunde sowie den Pelztierfang, und in England wird auf kircheneigenem Land sogenannter Jagd-Sport betrieben –, die Zentralsynode der Kirche von England hat nichts dagegen. Diese Art von Verrat am Evangelium durch die Christenheit hat eine lange, unrühmliche Geschichte. Vom 9. bis zum 19. Jahrhundert zum Beispiel sind Tausende von Tieren von geistlichen Gerichten strafverfolgt und in barbarischer Grausamkeit zum Tode verurteilt worden. Und noch in der Mitte des 19. Jahrhunderts verbot Papst Pius IX. die Eröffnung eines Tierschutz-Büros in Rom mit der Begründung, Menschen hätten keinerlei Pflichten den Tieren gegenüber.

Die Ansicht, Tiere hätten keine eigene Würde und alles, was wir ihnen antun, unterliege deshalb auch keinen fundamentalen moralischen Kriterien, ist in den katholischen Ländern zum theologischen Grundsatz geworden.

Beyer: Wo liegen die tieferen Gründe für diese Haltung?

Linzey: Fragt man, warum Tiere ausgebeutet, warum sie mit Gleichgültigkeit behandelt und wie Gegenstände benutzt werden, erhält man fast immer dieselben Antworten: Tiere haben keine Seele, Tiere sind zum Nutzen des Menschen da, der Mensch hat die Macht über die Tiere, sie stehen unter ihm, Tiere haben keinen Verstand. All diese Schlüssel-Rechtfertigungen für die Ausbeutung der Tiere stammen aus der jüdisch-christlichen Tradition.

Zurückgehend auf Aristoteles, der die Meinung vertrat, Tiere seien von Natur aus Sklaven des Menschen, über Thomas von Aquin hat sich in der katholischen aber auch in der protestantischen Tradition die Vorstellung durchgesetzt, die Tiere seien für *uns* gemacht – sei es nun aufgrund göttlicher Vorbestimmung oder von Natur aus.

Die christliche Tradition liefert also tatsächlich die Schlüsselvorstellungen, aus denen sich unsere Beziehung zu den Tieren und unser Umgang mit ihnen entwickelt hat. Obgleich diese *negative* Tradition, wie ich sie nenne, zur dominierenden Auffassung wurde, hat es aber immer auch eine *positive* Tradition gegeben – eine, die Tiere nicht als Gebrauchsgegenstände sah, die die menschliche Verantwortung den Tieren gegenüber betonte und die sogar argumentierte, Grausamkeit gegen Tiere sei unchristlich.

Beyer: Hatte diese *positive* Tradition praktischen Konsequenzen?

Linzey: 1824 wurde in England die SPCA (Society for the Prevention of Cruelty to Animals) gegründet, die erste Organisation weltweit, die sich für die Abschaffung der Grausamkeit an Tieren einsetzte. Der Gründer dieser ersten Tierschutz-Gesellschaft, Arthur Broome, war ein anglikanischer Priester, der sein Londoner Kirchenamt aufgab, um sich ganz der Arbeit in der

SPCA zu widmen. Broome landete im Gefängnis, weil die Gesellschaft ihre Schulden nicht bezahlen konnte.

1875 wurde in London die Victoria Street Society gegründet, die gegen Vivisektion kämpfte. Zu den vier Gründungsmitgliedern gehörte der Erzbischof von York, und 1876 trat auch der fortschrittliche katholische Kardinal Manning in die Gesellschaft ein.

Beyer: Aber was ist übriggeblieben von diesen christlichen Tierschutzbewegungen des letzten Jahrhunderts?

Linzey: Es ist leider richtig, daß die Tiere weltweit mit abscheulicher Grausamkeit behandelt werden. Das Christentum hat eine furchtbare Geschichte in Bezug auf die Tiere – aber auch in Bezug auf Sklaven, auf Frauen und eine ganze Reihe anderer moralischer Angelegenheiten. Das Versagen der Kirche ist schockierend.

Dennoch bin ich optimistisch. Denn das Christentum hat, ebenso wie alle anderen Traditionen – ob es sich nun um religiöse oder weltliche handelt – seine guten und seine schlechten Aspekte. Die gleiche christliche Tradition, die mithalf, die Sklaverei aufrechtzuerhalten, half 100 Jahre später, sie abzuschaffen.

Bei den Tieren stehen wir noch ganz am Anfang. Das Thema Umgang mit Tieren gewinnt jetzt gerade erst die ethische Aufmerksamkeit, die es braucht. Aber es tut sich etwas.

Ich will Ihnen ein Beispiel geben. Vor mehr als zwanzig Jahren wurde ich als jüngstes Mitglied in den Vorstand der RSPCA gewählt. Ich erinnere mich an meine erste Sitzung dort: Ich saß neben einem Reitsportler, der olympisches Gold gewonnen hatte und noch dazu ein Fuchsjäger war! Befremdlich für heutige Verhältnisse. Aber so war das in den siebziger Jahren, als die RSPCA es ablehnte, sich gegen die Fuchsjagd auszusprechen, die damals viele wichtige Sympathisanten hatte. Es war ein langer und harter Kampf, die RSPCA aus diesem Fahrwasser zu bekommen, aber 1976 war es soweit. Die RSPCA änderte ihre Politik, und heute unterstützt sie ohne Vorbehalte die »Wild Mammals Protection Bill«, eine Gesetzesvorlage zum Schutz wilder Tiere, die aufgestellt wurde, um jede Art von Jagd zu ächten.

Beyer: Hat sich also wirklich etwas verändert in den letzten Jahren?

Linzey: Ich betrachte den Meinungswechsel innerhalb der RSPCA als ein Beispiel für die Veränderungen im Bewußtsein, die sich derzeit in der britischen Gesellschaft vollziehen. Die Reformer, die vorher eher ängstlich und unsicher waren, haben inzwischen ein neues Selbstbewußtsein aufgebaut. Die Leute, die sich z.B. gegen den sogenannten Jagdsport richten, sind voll da. Massentierhaltung und grausame Tiertransporte stoßen immer mehr auf Abscheu und Ablehnung. Und die Vegetarier entschuldigen sich nicht länger, sie sind inzwischen aus der Defensive in die Offensive gewechselt.

Die christliche Kirche hat 1800 Jahre gebraucht, bis sie die Unmoral der Sklaverei erkannt hat, sie hat 1900 Jahre gebraucht, bis sie gemerkt hat, daß Frauen und Männer gleich sind, und es könnte noch bis ins 21.Jahrhundert hinein dauern , bis die christliche Kirche endlich begreifen wird, daß auch Tiere Würde und Rechte haben.

Die christliche Kirche steht derzeit an einem moralischen Scheideweg. Aber auch wenn die Kirche langsam ist, wenn es darum geht, auf neue Einsichten zu reagieren, zum Verzweifeln langsam sogar, so kann die christliche Theologie doch eine starke Grundlage bieten für ein tieferes Verständnis der Dinge, die die Kirche bisher vernachlässigt hat.

Wir haben keine absoluten Rechte auf dieser Erde. Wir haben jedoch die Pflicht, Gottes Schöpfung zu bewahren. Die traditionelle Befreiungstheologie war leider in grotesker Weise allein auf den Menschen ausgerichtet. Eine echte Befreiungstheologie aber muß *alles leidende und unterdrückte Leben* umfassen.

Beyer: Aber stellt nicht auch das Evangelium allein den Menschen in den Mittelpunkt? Jesus spricht nicht über die Tiere, und nirgendwo sagt er, wie sich die Menschen den Tieren gegenüber verhalten sollen.

Linzey: Es gibt zahlreiche Texte, die deutlich machen, daß Jesus alle Kreaturen geachtet hat. Die beeindruckendste Aussage vielleicht findet sich in einem frühen koptischen Text, in dem geschildert wird, wie Jesus einen Mann zur Rede stellt, der seinen überladenen Esel schlägt. Jesus erklärt, daß auch dieser Esel fühlt und leidet, und daß er sein Leid dem Schlöpfer klagt und um Barmherzigkeit fleht. Dann berührt er das verletzte Tier und heilt seine Wunden. Den Besitzer des Esels aber mahnt er, das Tier nicht wieder zu schlagen, auf daß er selbst dereinst Barmherzigkeit erfahren möge.

Wir sollten nachdenken darüber, was die großen biblischen Erzähler uns zu sagen haben: Die Tiere wurden zusammen mit uns am gleichen Schöpfungstag geschaffen (Gen 1, 24-27). Sie sind unsere Partner im Bund mit Gott (Gen 9, 8-12); wir haben die Pflicht, die Schöpfung zu bewahren (Gen 1,26); die Tiere teilen auch mit uns das Versprechen der Erlösung und der Befreiung von allem Leid (Jes 11,1-9 und Röm 8, 18-24). Nach Mk 1, 13 war Jesus vierzig Tage in der Wüste bei den wilden Tieren. Das ist wichtig, denn die jüdische Tradition lehrt, daß der Messias nicht nur unter den Menschen Frieden und Aussöhnung bewirken wird, sondern in der ganzen Natur. Und der Löwe wird neben dem Lamm liegen. Das Lamm hat eine ganz wichtige Bedeutung in der Bibel. Jesus wird mit dem Lamm, dem unschuldigsten der Geschöpfe, verglichen. Durch seinen Tod am Kreuz wird Jesus selbst zum Opferlamm und macht somit alle künftigen Opfer hinfällig.

Im Pseudo-Evangelium des Matthäus liegen im Stall zu Bethlehem Löwen, Leoparden und Wölfe neben Ochs und Esel und Schafen. Das aber bedeutet, daß Gottes vollkommener Plan für *alle* Lebewesen das friedliche Nebeneinander ist.

Jesus ist auf einem Esel in Jerusalem eingeritten. Und Jesus hat die Händler aus dem Tempel gejagt. Diese Händler haben unter anderem nämlich *Opfertiere* verkauft! Jesus hat also diese Opfertiere befreit. An keiner Stelle der Bibel wird gesagt, daß Jesus jemals ein Tier geopfert hätte, und seine Reinigung des Tempels bedeutet, daß er Tieropfer ablehnte.

Es ist also nicht so, daß ich den positiven Umgang Jesu mit den Tieren in die Texte hineininterpretieren würde. Aber je mehr wir hineinwachsen in die Einheit mit Gott, um so mehr müssen wir auch hineinwachsen in die Einheit mit Gottes Kreaturen.

Die Theologie muß versuchen, die wichtigsten Aspekte des Christseins miteinander in Einklang zu bringen. Hierbei ist das Verhalten Jesu bindend. Und Jesus hat zum Beispiel seinen Jüngern die Füße gewaschen, seine Fähigkeit zu *dienen* steht also unzweifelhaft im Mittelpunkt. Die Bibel offeriert uns eine ungeheure Kraft, wenn es darum geht, unsere Humanität und unser Mitgefühl zu erweitern.

Ein Gott, der leidenschaftslos bleibt angesichts unschuldigen Leides, kann einfach nicht der christliche Gott sein. Eine Theologie, die uns dem Leiden gegenüber desensibilisiert, kann keine wirklich *christliche* Theologie sein.

Es kann nicht genug betont werden, daß die Vorstellung von einem Gott, der sich exklusiv um das Wohlergehen des Menschen kümmert und dem die Leiden der übrigen Kreatur gleichgültig sind, zur Ursache für die moralische Hoffnungslosigkeit geworden ist. Wenn die Christen heute so gleichgültig den Tieren gegenüber sind, so deshalb, weil der Gott, an den sie zu glauben scheinen, noch gleichgültiger ist. Wenn Gott aber gut und gerecht und heilig ist, so folgt daraus, daß es Erlösung für *jedes* leidende Geschöpf geben muß.

Beyer: Die Grausamkeit gegen Tiere geht vorerst weiter. Es gibt nach wie vor Vivisektion, es gibt gentechnologische Versuche an Tieren, es gibt Tiertransporte. Was kann man dagegen tun?

Linzey: Es ist natürlich schwer, aus diesen furchtbaren Verstrickungen herauszukommen. Diese Gesellschaft ist daran gewöhnt, alles Unschöne unter den Tisch zu kehren – man hat sein nettes, sauberes Stück Fleisch auf dem Teller, und man will nichts von dem Leiden wissen, das dahintersteckt. Wir müssen also die Tatsachen *sichtbar* machen! Wir müssen die Leute zum Nachdenken bringen.

Es ist unsere Aufgabe, die Leute zu ermutigen, sie aufzufordern oder auch sie zu ermahnen, die Tiere zu respektieren.

Was wir brauchen, ist ein *progressives Desengagement* im grausamen Umgang mit den Tieren. Diese Gesellschaft muß sich davon lossagen, Tiere zu quälen. Jeder einzelne kann Schritte in diese Richtung tun. Das mögen zunächst kleine und wenig auffallende Schritte sein, aber nur so werden wir dem biblischen Traum vom Frieden näherkommen.

Wenn es möglich ist, ohne Gewalt gegen Tiere zu leben, so haben wir die *Pflicht*, das auch zu tun. Es kann nicht angehen, daß Christen einfach zusehen, wie Gottes Schöpfung zerstört wird.

Es muß dringend ein neues *christliches Bewußtsein* aufgebaut werden, damit der Grausamkeit gegen Tiere und der mutwilligen Zerstörung der Schöpfung Einhalt geboten werden kann. Letztlich hat der Kampf um die Rechte der Tiere also nicht nur eine rechtliche, sondern vor allem auch eine *spirituelle* Seite.

Renate Beyer

IV. »Tut dem Kamel nichts Böses an«
Geliebte und andere Tiere im Islam

Wer als engagierter Tierschützer in islamischen Ländern wie Marokko, Ägypten oder der Türkei reist, ist meist entsetzt darüber, mit welcher Selbstverständlichkeit und Ignoranz Tiere gequält und überfordert werden. Das Leid der Tiere scheint einfach keinen zu kümmern. Im Rahmen der allgemeinen Ablehnung und Verurteilung, die derzeit der »islamische Fundamentalismus« auf sich zieht, liegt es nahe, den Islam auch mit dem Leid der Tiere in Verbindung zu bringen. Fallen doch auch hierzulande muslimische Asylbewerber auf, weil sie verbotenerweise ein Schaf geschächtet und so die Gemüter erregt haben. Aber so unbedarft sollte man einer Weltreligion wie dem Islam nichts in die Schuhe schieben.

Die beiden maßgeblichen Glaubensquellen des Islam, Koran und Sunna, der beispielhafte Lebensweg Mohammeds, machen deutliche Aussagen darüber, daß Menschen und Tiere gleichermaßen Geschöpfe Allahs sind.

»Kein Geschöpf bewegt sich auf Erden, das Er (Allah) nicht an der Stirnlocke hielte«, heißt es in der Koran-Übersetzung der Ahmadiyya Muslim Jamaat (Sure 11, Vers 57). »Und es gibt kein Geschöpf, das auf Erden kriecht, dessen Versorgung nicht Allah obläge. Und Er kennt seinen Aufenthaltsort und seine Heimstatt« (Sure 11, Vers 7).

Von Umar, dem ersten Khalifen, wird berichtet, daß er ein großer Tierfreund war, und aus mittelalterlichen Reiseberichten ist bekannt, daß es im damaligen Orient bereits Asyle für Hunde und Katzen gab sowie fromme Stiftungen zugunsten von Tieren.[1] Und die Gründung Kairos soll einem Taubenpaar zu verdanken sein. Als nämlich 641 der Feldherr Amr Ibn el-As auf dem Weg nach Alexandria sein Lager abbauen wollte, wurde ihm von seinen Soldaten gemeldet, ein Taubenpaar hätte auf der Spitze seines *fustât*, seines Zeltes, ein Nest gebaut und brüte jetzt. Diese Nachricht veranlaßte Amr Ibn el-As, sein Zelt stehenzulassen. »Allah verhüte,« soll er gesagt haben, »daß ein Muslim einem lebenden Wesen, einem Geschöpf Gottes, das sich vertrauensvoll unter den Schatten seiner Gastlichkeit flüchtet, seinen Schutz versage.« An der Stelle aber, wo Amrs Zelt gestanden hat, ist später Fustât, das heutige Alt-Kairo, entstanden.[2]

Auf dem Weg zum Kamelmarkt

Wir fahren auf der Landstraße von Kairo in Richtung Baragil. Irgendwo da draußen soll der neue Kamelmarkt sein.

Es ist früh am Morgen. Wir wollen die angenehme Temperatur des Vormittags ausnutzen, denn in den letzten Tagen wurden Hitzerekorde von über 40 Grad verzeichnet, was für Anfang Juni hier recht ungewöhnlich ist.

Um diese Zeit sind viele Bauern unterwegs, die ihre Waren auf die Märkte in Kairo bringen. Geduldig ziehen Esel und Pferde die schweren Gespanne mit Feldfrüchten, und oft sitzt noch die ganze Familie mit auf dem Wagen. Ein Bauer, vor sich ein Schaf mit zusammengebundenen Beinen, versucht, auf einem Esel voran zu kommen. Der Esel will nicht, und der Bauer drischt auf ihn ein. Der Esel schreit. Die Umstehenden, die das Leid des Tieres nicht zu kümmern scheint, lachen.

In einem der öden Vororte hängt vorm Haus des Metzgers ein abgezogenes Rind an zwei Haken. In seinem Maul steckt ein dekorativer Strauß Grünzeug. Bis die Hitze einsetzt, muß das Fleisch verkauft sein. Ein paar Kilometer weiter ist ein Kamel geschlachtet worden. Sein felloser Körper baumelt groß und bleich vor einem Verkaufsstand. Als Ahmed, der Kameramann, die Szene festhalten will, erregt das gleich den Unwillen der Leute, und wir ziehen es vor, weiterzufahren.

Unser Fahrer kennt den Weg zum neuen Kamelmarkt nicht, der erst vor kurzem vom zu eng gewordenen Standort Embaba weit vor die Tore Kairos verlegt worden ist. Immer wieder müssen wir anhalten und fragen, werden falsch geschickt oder verfahren uns. Unser Wagen wirbelt auf den unbefestigten Straßen riesige Staubwolken auf.

Wir kommen durch elende Dörfer. Viele Menschen hier sind ange-
wiesen auf den öffentlichen Brunnen oder den Nil, aber dort, wo es
Wasseranschluß gibt, fließt in den stillgelegten Kanälen oft nur noch
ein braunes Rinnsal, an dessen Rändern sich der Müll türmt.
Ein aufgeblasener Eselskadaver liegt zwischen Softdrinkdosen und
halbverrotteten Küchenabfällen in der schmutzigen Brühe. Wenige
Meter weiter planschen Kinder und machen Schwimmübungen mit
alten Autoschläuchen. Abgemagerte, scheue Hunde stöbern im
Unrat nach Nahrung.
Draußen auf den Feldern drehen die Wasserbüffel die archaisch an-
mutenden Wasserräder oder ziehen den Pflug. Oft sind es Kinder,
die neben den Büffeln herlaufen und sie mit Stöcken und viel Geschrei antreiben. Ohne die Arbeit der Tiere könnten die Bauern
hier nicht existieren. Ihr Leben ist eng mit dem der Tiere verbunden. Warum aber gibt es so wenig Mitgefühl für die Tiere?
Scheich Abd El Dayem, der geistige Lehrer einer Mystiker-Gruppe
in Kairo, sagt: »Die Menschen haben vergessen, daß Gott überall
ist. Er ist in jedem Tier, in jedem Menschen und in jedem Gras-
halm.«
Im Koran heißt es: »Es gibt nichts, was nicht sein Lob singen würde.« (17, 44) Und an anderer Stelle: »Wohin ihr euch auch wenden
möget, dort ist das Antlitz Gottes.« (2, 115)

Koran und Sunna und der Alltag

Nach islamischem Verständnis ist der Koran die letzte und endgül-
tige Offenbarung Gottes für die Menschen. Er umfaßt alle anderen
vorausgegangenen Offenbarungen und führt sie in ihre ursprüngliche Reinheit zurück. Der Prophet Mohammed, der zu allen Menschen gekommen ist, gilt als »das Siegel der Propheten«, d.h. er ist
der letzte und wichtigste Prophet, der die Reihe seiner Vorgänger,
zu denen auch Abraham, Mose und Jesus gehören, abschließt und
versiegelt.
Der Islam, der Begriff bedeutet vollkommene Hingabe an Gott, hat
somit den Anspruch »die Religion bei Gott« (3,19) zu sein. »Und
wer hat eine schönere Religion als der, der sich völlig Gott hingibt
und dabei rechtschaffen ist ...?«(4,125)

Der Islam unterscheidet nicht zwischen religiösem und weltlichem Leben. Ein solcher Dualismus ist ihm fremd, denn Erde und Himmel sind von Gott geschaffen, und »Er hat euch zu Nutzen gegeben, was in den Himmeln und was auf der Erde ist ...« (45,13) Wer Muslim ist, sich also Gott unterwirft und sein Leben unter Gottes Gesetz stellt, kann das nur als ganzer Mensch tun. Wie das im alltäglichen Leben auszusehen hat, welche Verhaltensweisen richtig sind und als gottgefällig gelten und welche nicht, wird bis ins Detail geregelt durch die tradierten Berichte aus dem Leben des Propheten. Mohammed ist, so bestätigt es der Koran, den richtigen Weg gegangen. »Er befiehlt ihnen das Rechte und verbietet ihnen das Verwerfliche, er erlaubt ihnen die köstlichen Dinge und verbietet ihnen die schlechten, und er nimmt ihnen ihre Last und die Fesseln, die auf ihnen lagen, ab.« (7,157) Und an anderer Stelle heißt es: »Wer dem Gesandten gehorcht, gehorcht Gott.« (4,80)

Mohammeds vorbildliche Lebensweise, seine *sunna,* ist deshalb neben dem Koran *die* Hauptquelle des Islam, *die* Richtschnur für den Gläubigen. Die Aussprüche, Empfehlungen, Anweisungen, Verordnungen, Haltungen und Handlungsweisen des Propheten werden in den nach strengen Kriterien zusammengetragenen Berichten und Erzählungen, genannt *ahadith,* (Singular: *hadith*) verschiedener Gewährsleute wiedergegeben.

Aus den *ahadith* wissen wir z.B., daß Mohammed Kinder liebte, und daß er Sympathie für Tiere zeigte. Als er einmal zum Gebet aufstehen wollte, so wird erzählt, bemerkte er, daß eine Katze auf dem Ärmel seines Mantels eingeschlafen war. Er schnitt sich den Ärmel ab, um die Ruhe des Tieres nicht zu stören.[3]

Trotz der ganzheitlichen Betrachtungsweise des Islam folgt der durchschnittliche Muslim der Gegenwart oft recht einseitig den vermeintlichen Notwendigkeiten seines Alltags. Wenn z.B. das klapprige Eselchen den mit Melonen hochbeladenen Karren nicht ziehen kann und zusammenbricht, dann wird es eben solange geschlagen, bis es wieder aufsteht. Eine alltägliche Szene, die sich in den Vororten Kairos viele Male am Tag abspielt. Sich einzumischen nützt meist nichts, bringt allenfalls Scherereien. Der Besitzer wird das Recht für sich in Anspruch nehmen, mit *seinem* Esel zu tun, was ihm beliebt. Und die Umstehenden werden ihm recht geben. Tiere haben nützlich zu sein, d.h. sie müssen arbeiten oder sie werden gegessen, mehr interessiert an ihnen nicht.

Dr. Samir Salem, Tierarzt und Leiter der Tierschutzorganisation SPCA (Society for the Prevention of Cruelty to Animals) in Kairo, scheut sich inzwischen nicht mehr, bei Tierquälerei die Polizei einzuschalten – hinzugefügt werden muß: wenn es ihm gelingt. Im Fall des überlasteten Eselchens wird wohl kaum ein Polizist in Aktion treten, dafür fehlt ihm das Problembewußtsein und die Zeit, da gibt es Wichtigeres. Manchmal hilft ein Trinkgeld – ein Polizist in Kairo verdient durchschnittlich etwa 300 DM im Monat –, aber dann bleibt immer noch die Frage offen, wie der Bauer seine Melonen zum Markt bringen soll. Er besitzt nur den einen klapprigen Esel, und zweimal kann er den weiten Weg zum Markt nicht fahren. Lädt er aber seinen Karren nur halbvoll, verkauft er zu wenig, was wiederum bedeutet, daß die zehnköpfige Familie abends nicht satt wird.

Der Mensch – Statthalter Gottes auf Erden – und die Tiere

Als Allah den Menschen zu seinem *khalifa*, seinem Nachfolger oder Statthalter auf Erden erklärte, meldeten die Engel gleich Bedenken an. »Sie sagten: ›Willst du auf ihr jemand (vom Geschlecht der Menschen) einsetzen, der auf ihr Unheil anrichtet und Blut vergießt, wo wir (Engel) dir lobsingen und deine Heiligkeit preisen?‹ Er sagte: ›Ich weiß (vieles), was ihr nicht wißt.‹ Und er lehrte Adam alle Namen (d.h. er lehrte ihn, jedes Ding mit seinem Namen zu bezeichnen).«

Dann legt Allah den Engeln die einzelnen Dinge vor und fragt sie nach deren Namen. Die Engel wissen sie nicht. »Du bist der, der Bescheid weiß und Weisheit besitzt«, sagen sie. Jetzt fordert Allah den Menschen auf, die Namen der Dinge zu nennen. Adam kann es. Daraufhin sagt Allah zu den Engeln: »Werft euch vor Adam nieder!« Und die Engel werfen sich nieder, nur Iblis, der Teufel, will sich nicht niederwerfen, denn er ist hochmütig und ungläubig. Und später veranlaßt er Adam und Eva, von den verbotenen Früchten zu essen. (2,30ff)

Die Rollen sind also verteilt. Es war Allahs Wille, dem Menschen die bevorzugte Stellung unter den Geschöpfen einzuräumen. Tiere und Pflanzen stehen unter ihm. Sogar die Engel stehen unter ihm. Der Teufel aber wird ihm nachstellen. Das sind die Ausgangsbedingungen, die beiden Pole, zwischen denen sich Adam, der Nachfolger Gottes auf Erden, künftig zurechtfinden muß. Wenigstens muß er sich nicht mit der Erbsünde plagen, die gibt es im Islam nicht. »Jede Seele erwirbt (das Böse) nur zu ihrem eigenen Schaden. Und keine lasttragende (Seele) trägt die Last einer anderen.« (6,164)

Um ihm seine Großmut zu beweisen, hat Allah dem Menschen seine gesamte Schöpfung zur Verfügung gestellt: »Gott ist es, der Himmel und Erde geschaffen hat, und der vom Himmel Wasser herabkommen ließ und dadurch, euch zum Unterhalt, Früchte hervorbrachte. Und er hat die Schiffe in euren Dienst gestellt, damit sie – auf seinen Befehl – auf dem Meer fahren, ebenso die Flüsse, desgleichen die Sonne und den Mond und den Tag und die Nacht.« (14, 32-33) »Und (auch) das Vieh hat er geschaffen. Es bietet euch (durch seine Wolle) die Möglichkeit, euch warm zu halten, und ist euch (auch sonst in mancher Hinsicht) von Nutzen. Und ihr könnt davon essen. Auch findet ihr es schön (und freut euch daran), wenn ihr (es abends) ein- und (morgens zum Weiden) austreibt. Und es trägt eure Lasten zu einem Ort, den ihr (der weiten Entfernung wegen sonst) nur mit großer Mühe erreichen könntet. Euer Herr ist wirklich mitleidig und barmherzig.« (16, 5-7)

Die Erde ist das Geschenk Gottes an den Menschen, und der Gläubige kann in allen Dingen, in Sonne und Sternen, in Pflanzen und Tieren, die Fürsorge seines Herrn erkennen. Immer wieder wird im Koran darauf hingewiesen, daß die Tiere »Zeichen« für den Muslim sind. In diesen Zeichen kommt die Allmacht und Großmut Allahs zum Ausdruck, und sie dienen dem Frommen dazu, sein Vertrauen und seinen Glauben zu festigen.

»Und Er ist es, der euch das Meer dienstbar gemacht hat, damit ihr frisches Fleisch daraus eßt und Schmuck aus ihm herausholt, um ihn anzulegen ... Und Gott hat vom Himmel Wasser herabkommen lassen und mit ihm die Erde nach ihrem Absterben wieder belebt. Darin ist ein Zeichen für Leute, die hören können. Einen Grund zum Nachdenken habt ihr in den Herdentieren. Wir geben euch von dem, was in ihrem Leib zwischen Kot und Blut ist, zu trinken, reine Milch, bekömmlich für die, die (sie) trinken.« (16,14; 16,65-66) Der Honig der Bienen, sagt der Koran, soll den Menschen als Medizin dienen, aus der Wolle und der Haut der Herdentiere kann sich der Mensch Kleidung und Zelte herstellen, und auch die Vögel, die Gott hoch oben am Himmel fliegen läßt, sind »Zeichen für Leute, die glauben.« (16, 68ff)

Der Mensch darf die Tiere, die Pflanzen, die ganze Schöpfung zu seinen Bedürfnissen einsetzen, er darf sie genießen und sich an ihr erfreuen. »Er ist es, der euch die Erde gefügig gemacht hat. So schreitet auf ihrem Rücken umher und eßt von dem, was Er (euch) beschert.« (67, 15)

Bei aller Verfügungsgewalt des Menschen bleibt aber eines immer klar: »Gott gehört (alles), was im Himmel und auf der Erde ist. Er vergibt, wem er will, und er bestraft, wen er will.« (3, 129) »Und Gott hat jedes Getier aus Wasser geschaffen. Es gibt unter ihnen solche, die auf ihrem Bauch gehen, und solche, die auf zwei Beinen gehen, und wieder solche, die auf vieren gehen. Gott erschafft, was Er will. Gott hat Macht zu allen Dingen. Wir haben Zeichen hinabgesandt, die (alles) deutlich machen. Und Gott führt, wen Er will, zu einem geraden Weg.« (24, 45-46)) »Er (allein) besitzt die Schlüssel zum Verborgenen. Keiner kennt sie außer ihm. Und er weiß, was auf dem Festland und auf dem Meer ist. Und kein Blatt fällt (zu Boden), ohne daß er darüber Bescheid weiß.« (6,59)

Der Koran benutzt den Begriff *sachara*, Nutzen geben, um die Beziehung zwischen Mensch und Schöpfung zu beschreiben. Das aber hat nach der Auslegung Ahmad von Denffers nichts zu tun mit grenzenloser Ausbeutung und Zerstörung und auch nichts mit »Sich-untertan-machen«. Als Beleg führt er an, daß in Sure 14,33 (s.o.) auch Tag und Nacht »in den Dienst« des Menschen gestellt sind. Aus Tag und Nacht kann der Mensch »Nutzen ziehen«, aber sie können ihm nie »untertan« sein. Auch in Sure 2,36 findet sich, so Ahmad von Denffer, der eindeutige Hinweis darauf, daß der Mensch nicht das Recht hat, sich die Schöpfung zu unterwerfen.[4] In der Koran-Übersetzung von Rudi Paret heißt es :«Und ihr sollt auf der Erde (euern) Aufenthalt haben und *Nutznießung* auf eine (beschränkte) Zeit.« (2,36)

135

Als *khalifa* hat der Mensch im Sinne und im Auftrag seines Herrn zu handeln. Seine Aufgabe ist es, die Schöpfung zu verwalten und zu bewahren und sich seines Amtes würdig zu erweisen. Er darf sich keinesfalls anmaßen, Herrscher und Besitzer seiner Umwelt, z.B. der Tiere, zu sein, denn er steht nicht außerhalb der Schöpfung, sondern ist Teil von ihr. Unter diesem Aspekt unterscheidet ihn nichts von den Tieren. Ebenso wie sie ist der Mensch in allem, was er tut, vollkommen abhängig von Gott.

»Es gibt kein Tier auf der Erde und keinen Vogel, der mit seinen Flügeln fliegt, ohne daß es Gemeinschaften wären gleich euch (Menschen).« (6,38)

Im Tafsir al-Dschalalain, einem der bekanntesten Koran-Kommentare, wird dieser Vers ergänzend erklärt: »hinsichtlich ihrer Geschöpflichkeit, ihrer Versorgung (von Allah) und ihrem sonstigen Zustand.«[5] Als Geschöpfe Gottes sind Menschen und Tiere also gleich. Der Mensch muß seinen Platz innerhalb des Ganzen erkennen und akzeptieren und muß sich vor Gott demütig einreihen in die Zahl aller anderen Geschöpfe. Er steht zwar über den unwissenden Tieren, aber er soll sich deshalb nichts anmaßen. In Sure 17, 37-38 heißt es: »Und schreite nicht auf der Erde stolz einher; siehe, du kannst die Erde nicht spalten noch die Berge an Höhe erreichen. Alles dies ist von Übel vor deinem Herrn und verhaßt.«

Seine bevorzugte Stellung verpflichtet den Menschen, Verantwortung zu tragen und sich so zu verhalten, wie es dem Muslim vorgeschrieben ist. Anders als die Tiere und alle anderen Geschöpfe, ist der Mensch ausgestattet mit Bewußtsein. Er allein besitzt die Fähigkeit, auch im ethischen Bereich zwischen Gut und Böse zu unterscheiden und sich dem einen oder dem anderen zuzuwenden. Und gerade deshalb muß er sich immer darüber im klaren sein, daß Allah ihm viele Prüfungen schicken wird.

Der Mensch ist zwar mit vielen guten Eigenschaften ausgestattet, aber er ist auch schwach, kleinmütig und ungerecht, unwissend und ungehorsam (4,28; 11,17; 33,72); hinzu kommt, daß er sich ständig der Nachstellungen des Teufels erwehren muß.

Sein Khalifat auf Erden wird somit zu einer schweren Aufgabe, zu einer Bewährungsprobe, der er sich, ob er will oder nicht, stellen muß. Zu dieser Bewährungsprobe zählt auch sein Verhalten zu den Tieren. Im *hadith* des »Mishkat al-Masabih« erläutert Mohammed, daß alle Kreaturen, also auch die Tiere, als Familie Gottes zu betrachten sind, und daß Gott diejenigen am meisten liebt, die seiner Familie Gutes tun. Wer auch den Tieren gegenüber gütig und freundlich ist, der erfreut Gott.[6]

Tiermarkt in Kairo

Jeden Freitag ist in Sayeda Eisha, im Osten Kairos, Tiermarkt. Um elf Uhr ist Hochbetrieb. Zäh schieb sich die Masse der Kaufwilligen vorwärts. Immer wieder kommt es zum totalen Stillstand, weil z.B. ein mit Gänsen oder Hühnern beladener Karren sich seinen Weg zum Verkaufsstand zu bahnen versucht, und ein Pkw mit Vogelkäfigen auf dem Gepackträger den Markt in entgegengesetzter Richtung verlassen will. Es ist sehr laut, sehr heiß und sehr staubig.

Was zum alsbaldigen Verbrauch bestimmt ist, wie Hühner, Enten oder Gänse, liegt meist zu viert oder fünft an den Füßen zusammengebunden, mit weit aufgerissenen Schnäbeln und entsetzten Augen. Die anderen werden in winzigen Holz- und Drahtverschlägen, aber auch in Pappkartons, Dosen, Einmachgläsern oder Plastiktüten feilgeboten: Hunde, Katzen, Hühner, Gänse, Falken, Eulen, Schildkröten, Affen, Zierfische, Krebse, Leguane, Wüstenfüchse, Schlangen, Krokodile, Eidechsen, Skorpione – alle Kreaturen, derer die Händler habhaft werden konnten, so scheint es. Sie sitzen zum Teil über- und untereinander, bilden hohe lebende Berge oder sind in allernächster Nähe zu ihren Freßfeinden eingesperrt. Auf dem Käfig der winzigen Singvögel ist ein Falke angebunden, die Springmäuse sind nur durch einen Draht von den Schlangen getrennt, über ihnen rütteln und beißen zwei Affen an ihrem Gitter und gleich daneben zieht ein verstörter Fenneck verzweifelte Kreise. Der Wiedehopf im Nachbarkäfig hackt wieder und wieder mit dem langen Schnabel in eine leere weiße Plastikschale. Wie kann ein Wiedehopf im Käfig überleben? Weiß keiner hier, daß der *hudhud* ein ganz besonderer Vogel ist, der geholfen hat, die Königin von Saba zum Islam zu bekehren?

»Und er (Salomo) ließ die Vögel Revue passieren und sagte: ›Warum sehe ich den *hudhud* (den Wiedehopf) nicht?« (27, 20) Und dann stellt sich heraus, daß der *hudhud* aufgehalten wurde, weil er nämlich entdeckt hat, daß das Volk der Sabäer noch immer die Sonne anbetet. Da schickt ihn Salomo mit einem Brief zu deren Königin Bilqis, in dem sie und ihr Volk aufgefordert werden, den rechten Glauben anzunehmen.

Die Sache gelingt, und Bilquis wird sogar Salomos Frau. Weil der *hudhud* somit Anteil an der Bekehrung der Sabäer und ihrer Königin hat, verleiht ihm Allah zur Belohnung eine Federkrone, und die – so die Legende – trägt er stolz bis heute.

Eisa Saied, der mir diese Geschichte erzählt, hat in seiner Kindheit noch gelernt, daß man einen *hudhud*, weil er unter dem besonderen Schutz Allahs steht, weder töten noch einsperren darf. Auf dem Tiermarkt in Kairo scheint das niemand zu wissen. Auch nicht, daß der Prophet Kleidung aus Tierhäuten abgelehnt hat. Reptilienleder ist hochbegehrt.

Ein Händler hat sich seine Schlangen um den Gürtel geknotet, ein anderer bietet in blauen Müllsäcken verschnürte Krokodile an. In einem Glas mit Luftlöchern im Deckel sind regungslose Sandskinks übereinandergestapelt, scheue, zierliche Echsen, die am liebsten verborgen im Wüstensand leben. Der Händler bemerkt mein Interesse und gibt mir zu verstehen, daß er nur beste Ware anbietet. Er bezieht die Skinks von seinen Lieferanten frisch aus der Wüste, erzählt er. Sie sind sehr gefragt. Bei ihm jedenfalls gehen sie mindestens genauso gut wie die Leguane. Man muß sie trocknen und zu Pulver zerstoßen und jeden Morgen einen Teelöffel davon in Wasser aufgelöst trinken. Das macht einen Mann in der Liebe stark wie ein Löwe, sagt er grinsend.

Ich lasse mich weiterschieben von der Menschenmasse, vorbei an dem schier endlosen Leid der Geschöpfe Allahs.

Es gibt eine Abteilung nur für Hunde und Katzen auf dem Markt. Schwer zu verstehen für mich. Besonders was die Hunde angeht, die im Islam als unrein gelten. Die Stadt ist voll von streunenden Hunden und Katzen. An vielen Plätzen werden sie abends von den Touristen gefüttert. Wenn die ausländischen Gäste schlafen, hat die heile Welt ein Ende. Nachts machen Spezialeinheiten der Polizei Jagd auf herrenlose Vierbeiner. Es ist eine bittere Notwendigkeit, werde ich später aufgeklärt. Viele von ihnen haben die Staupe, die Tollwut oder andere Krankheiten, die sich nicht ausbreiten dürfen.

Wer sich in Kairo auf dem Tiermarkt einen Hund kauft, der will nicht irgendeinen, sondern einen Wachhund, sagt Dr. Salem, am liebsten einen Deutschen Schäferhund. Schutz- und Wachhunde sind nach dem Koran erlaubt, und ein Schäferhund ist ein Prestige-objekt. Erst nach dem Kauf fällt dann vielen Leuten ein, daß er auch Futter und Auslauf braucht, und daß man ihn erziehen muß. Und was, wenn man für ein paar Tage verreisen will? Und was, wenn er krank wird? – Rita z.B., ein Schäferhundmischling, ist von Nachbarn aus einem finsteren Verschlag befreit und ins SPCA-Hos-pital zu Dr. Salem gebracht worden. Rita war schwer krank und völlig abgemagert. Ihr Besitzer wollte sie verhungern lassen. Er konn-te es nicht ertragen, daß sie krank war, er wollte keinen kranken Hund, und er war nicht bereit, Geld auszugeben für Medizin. Für Dr. Salem, dessen Tierschutz-Organisation in Kairo ganze 38 Mit-glieder hat, ist Rita kein Einzelfall. Selbst »wohlmeinende« Hunde-besitzer verursachen oft Tierquälerei. Es passiert z.B. immer wieder, daß Leute in Urlaub fahren und ihren Hund mit einer zwar ausrei-chenden Menge Futter zurücklassen, aber nicht daran denken, daß das Futter in der Hitze schnell verdirbt, und daß der Hund auch Auslauf braucht. »Es ist noch viel Aufklärungsarbeit nötig«, sagt Dr. Salem.

Reine und unreine Tiere

Im Islam werden die Tiere in reine und unreine Tiere eingeteilt. Unreine Tiere dürfen von Muslimen nicht gegessen werden, da sich ihre Unreinheit sonst auf den Menschen übertragen würde. Mit ihrem Speichel und vor allem mit ihrem Blut darf der Mensch nicht in Berührung kommen. Der körperliche Kontakt mit ei-nem unreinen Tier soll gemieden werden, weil er rituelle Unrein-heit bewirkt.
In Zeiten der Nahrungsmittelknappheit allerdings, erlaubt der Ko-ran auch den Verzehr von sonst unreinen Tieren. In Sure 16,115 heißt es: »Verboten hat Er euch Verendetes, Blut, Schweinefleisch und das, worüber ein anderer als Gott angerufen worden ist. Wenn aber einer gezwungen wird, wobei er weder Auflehnung noch Über-tretung begeht, so ist Gott voller Vergebung und barmherzig.«

Es sind zahlreiche Theorien darüber aufgestellt worden, wo die Wurzeln für Reinheit oder Unreinheit eines Tieres zu suchen sind. Während manche Autoren davon ausgehen, daß der Einteilung alte, vorislamische Traditionen zugrunde liegen, sind andere der Meinung, sie beruhe vor allem auf hygienischen Überlegungen. Zu eindeutigen Ergebnissen ist jedoch bisher keine Theorie gekommen. Manche Autoren behaupten sogar, die Einteilung sei unbegründet. Feststeht, daß das Gesetz von rein und unrein durchaus flexibel gehandhabt und auch nicht überall gleich ausgelegt wird.[7]

Schlangen und andere Reptilien z.B. gelten manchen islamischen Theologen als unrein, anderen nicht. Es hat sich die Rechtsauffassung verbreitet, daß Tiere, die in einer Region traditionsgemäß gegessen werden, auch grundsätzlich erlaubt sind. Der *hadith* bestätigt das. In der Hadithsammlung des Al-Buhari wird berichtet, daß die Tante des Halid Ibn al-Walid dem Gesandten einst gebratene Eidechse servierte. Als Mohammed erfahren hatte, um welche Speise es sich handelte, zog er seine Hand zurück. »Halid Ibn al-Walid fragte: ›O Gesandter Gottes, ist der Genuß von Eidechsenfleisch verboten?‹ – ›Nein,‹ erwiderte er, ›aber dieses Tier kommt im Land meines Volkes nicht vor. Aus diesem Grund möchte ich es nicht essen!‹ Halid Ibn al-Walid ergänzte zu seinem Bericht: ›Ich zerlegte die Eidechse und aß sie. Der Gesandte Gottes schaute mir dabei zu.‹«[8]

Verboten dagegen hat der Prophet das Fleisch von Eseln, Maultieren und Pferden, obgleich diese Tiere ansonsten nicht als unrein gelten.[9]

Allgemeine Übereinstimmung herrscht darüber, daß das Schwein und der Hund unreine Tiere sind. Dennoch wird beim Hund schon wieder differenziert. In der Siebenschläferlegende in Sure 18,17ff wird der Hund, der zusammen mit den Siebenschläfern in der Höhle verweilt und sie bewacht, durch seine Treue zu einem hochgeehrten Tier. Einige der Sufis, der islamischen Mystiker, loben die Eigenschaften des Hundes als beispielhaft – seine Liebe zu seinem Herrn, seinen Gehorsam und seine Treue – und sie bezeichnen sich in Demut selbst gerne, wohlwissend daß der Hund als niedriges und unreines Geschöpf gilt, als »Hund des Propheten«.[10]

In den Hadithsammlungen finden sich zwar zahlreiche Aussprüche des Propheten gegen den Hund, ausgenommen davon sind aber immer Jagd-, Schutz-, und Hütehunde. »Der Gesandte Gottes sagte: ›Wenn jemand sich einen Hund hält, so wird ihm für jeden Tag ein Qirat des Lohnes, den er für seine guten Taten zu erwarten hat, abgezogen, es sei denn, der Hund dient zum Schutz der Felder und des Viehs.‹« [11]

Manche Tiere mögen zwar *haram,* unrein und als Nahrungsmittel verboten sein, aber sie bleiben doch Geschöpfe Allahs, die der Mensch zu respektieren hat. In mehreren Berichten wird z.B. von dem durstigen Hund erzählt, dem ein Moslem ebenso Barmherzigkeit zuteil werden lassen muß wie jedem anderen Lebewesen. »Ein Mann sah einen Hund, der wegen seines großen Durstes feuchte Erde fraß. Er nahm seinen Schuh, füllte ihn mit Wasser und gab dem Hund zu trinken, bis sein Durst gelöscht war. Gott wird diesem Mann seine gute Tat vergelten und ihn ins Paradies eingehen lassen.« [12]

An anderer Stelle heißt es: »Die Leute fragten: ›Allahs Gesandter, wird uns auch für das Gute, das wir an Tieren tun, ein Lohn zuteil?‹ Er erwiderte: ›Ja, es gibt einen Lohn für jede gute Tat an jedem Lebewesen.‹« [13] Mishkat Al-Masabih folgert daraus, daß eine gute Tat, die an einem Tier vollbracht wird, vor Gott genau soviel zählt wie eine gute Tat an einem Menschen, und daß umgekehrt Grausamkeit gegen ein Tier ebenso verwerflich ist wie Grausamkeit gegen Menschen. [14]

Vom Schlachten

Der Islam schreibt genau vor, wie ein Tier geschlachtet werden muß. Als einzig richtige Methode gilt der Kehlschnitt. Im Prinzip darf keine Betäubung des Tieres vorausgegangen sein, da angenommen wird, daß nur so ein rasches und vollständiges Ausbluten des Tieres möglich ist. Dahinter stehen uralte Vorstellungen vom Blut als Sitz der Seele, die den Körper des Tieres verlassen haben muß, bevor der Mensch ihn für seine Zwecke nutzen kann. [15] Es gibt noch den Brauch der Tieropfer im Islam. Am Ende der Hadj z.B., der vorgeschriebenen Pilgerfahrt nach Mekka, wird ein Hammel, ein Kalb oder ein Ochse geschlachtet, ebenso während des Eid el-Adha, des Festes zum Gedenken an Abrahams Bereitschaft, seinen Sohn zu opfern. Aber auch während der *mawalid,* der in Ägypten sehr beliebten Heiligenfeste, werden Tiere zu Ehren Allahs geschlachtet. Ihr Fleisch wird zur einen Hälfte an die Bedürftigen verteilt und zur anderen Hälfte von den Opfernden gegessen und als Armenspeisung verwendet.

Es ist vielfach darüber geschrieben und diskutiert worden, ob die islamische Methode des Schlachtens Tierquälerei ist oder nicht. Die islamischen Mediziner argumentieren, ein mit scharfem Messer gut durchgeführter Kehlschnitt bedeute einen sehr schnellen und qualfreien Tod. Das ist sicher richtig. Nicht immer allerdings wird in der Praxis mit einem scharfen Messer geschlachtet, wie es der Prophet vorschreibt, und nur selten werden seine anderen Anweisungen – viele kennen sie gar nicht – beachtet, die in den Hadithsammlungen niedergeschrieben sind und physische Grausamkeit gegen die Schlachttiere ebenso verwerfen wie psychische.

Zum Beispiel darf ein Tier beim Schlachten nicht gefesselt oder angebunden sein, und es ist verboten, es unnötig lange warten zu lassen und ihm kein Wasser zu geben. Zu einem Mann, der in Gegenwart des Tieres, das er schlachten will, sein Messer schärft, sagt der Prophet: »Willst du das Tier zweimal töten? Einmal, wenn du es beim Schleifen des Messers zusehen läßt und einmal, wenn du ihm die Kehle durchschneidest?« Hazrat Imam Ali schließt daraus, daß es auch nicht zulässig ist, ein Tier in Gegenwart eines anderen Tieres zu schlachten.[16]

So viel Mitgefühl ist im modernen Alltag nicht zu erwarten. Auf dem Taubenmarkt am Bâb Zuweîla sucht sich der Kunde die Tauben aus, die er kaufen will, der Händler schneidet ihnen, einer nach der anderen, die Kehle durch, und sie verbluten nebeneinander in einer Tonne. Und vor dem Schlachthaus in Kairo stehen mittwochs die Kamele zusammengepfercht und warten, bis die Metzgergesellen sie abholen, und dann erleben sie das Sterben ihrer Artgenossen, bis sie selbst an der Reihe sind.

»Und, ihr Leute, dies ist das Kamel Gottes, euch zum Zeichen. Laßt es auf Gottes Erde weiden und tut ihm nichts Böses an! Sonst kommt nächstens eine Strafe über euch. (65) Aber sie brachten es zu Fall (indem sie ihm die Flechsen durchschnitten). Da sagte er: ›Genießet (euer Dasein) in eurer Behausung (noch) drei Tage! Das ist keine leere Drohung.‹ ... (67) Da kam über diejenigen, die frevelten, der Schrei, und am Morgen lagen sie in ihren Behausungen (tot) am Boden.« (11,64-68)

Das Kamel will nicht aufstehen. Es hat sich im schwachen Schatten der Umzäunung niedergelassen und kaut Zuckerrohrblätter. Daß man ihm das eine Bein zusammengebunden hat, um es am Fortlaufen zu hindern, daran ist es gewöhnt.

Ein Mann, die Ärmel seiner hellblauen *galabeija* weit zurückgeschlagen, versucht das Tier zum Aufstehen zu bewegen. Es reagiert nicht. Der Mann drischt auf das Tier ein. Und jetzt beginnt es, sich zu wehren. Laut knurrend wirft es den Kopf nach hinten, reißt das Maul weit auf, beißt um sich, schreit. Auch der Mann schreit. Drei Kollegen kommen ihm zu Hilfe geeilt. Noch gibt das Kamel nicht auf. Es brüllt, so laut es kann.

Sein Gebrüll vermischt sich mit den Schreien der Männer und dem scharfen Klatschen der Stockhiebe zu einer alptraumartigen Geräuschkulisse.

Als sie ihm schließlich die Stöcke von unten in den Leib stoßen, geht plötzlich ein Ruck durch seinen Körper: das Kamel steht. In einer dramatischen Geste dreht es den Kopf in den Himmel, stößt einen furchtbaren, gedehnten Klagelaut aus, und dann prescht es, notgedrungen auf drei Beinen hüpfend, aber unter Aufbietung aller Kräfte, an seinen Peinigern vorbei, als sei es wild entschlossen, seinem Schicksal zu entkommen.

Die Realität jedoch hat das Kamel bereits eingeholt. Die Männer laufen schreiend hinter ihm her, bis eine der Mauern dem Fluchtversuch des Tieres ein jähes Ende setzt. Das Geschrei der Männer verebbt, die Aufregung ist vorbei. Dem Kamel wird ein grober Strick durch den Nasenring gezogen, und widerstandslos läßt es sich zu dem Lastwagen führen, auf dem bereits drei seiner Artgenossen stehen. Ich verliere es aus den Augen.

Kamelmarkt bei Baragil, in der Nähe von Kairo. Alle Arten von Kamelen werden hier verkauft: Lastkamele, Reitkamele, Schlachtkamele. Letztere allerdings sind weit in der Überzahl. Und heute ist Dienstag, der Tag in der Woche, an dem vor allem Metzger und all diejenigen auf dem Kamelmarkt anzutreffen sind, die Schlachtkamele kaufen wollen. Dienstags wird gekauft, mittwochs und donnerstags wird in Kairo geschlachtet. Dazwischen bleibt Zeit genug, um die Kamele auf LKWs zu verladen oder sie auf den Fußmarsch zum Schlachthof in die Stadt zu schicken.

Die Kamele, die auf den Großmarkt bei Kairo gebracht werden, scheinen zu ahnen, was sie erwartet. Mit vielen Brandmarken im Fell gekennzeichnet stehen sie still und ergeben im abgegrenzten Areal ihres Besitzers und blicken aus großen Augen irgendwohin, weit weg.

Viele von ihnen haben Hunderte von Kilometern hinter sich, sind zum Beispiel den ganzen langen Weg vom Sudan gekommen, um im Schlachthaus in Kairo zu enden. Ihre Treiber haben meist skrupellos die Fähigkeiten der Tiere ausgenutzt, tagelang ohne Wasser und Nahrung auszukommen. Erst auf dem Markt werden sie getränkt und gefüttert.

Ich muß an Elias Canettis »Begegnungen mit Kamelen«[17] denken. Von ihm weiß ich auch, daß Kamele den Schlächter riechen können. Angeblich wittern sie das Kamelblut, das an ihm klebt. Und wenn er vor ihnen steht, begreifen sie sofort seine Absicht.

Der alte Hassan sagt, das kann er nur bestätigen. Kamele haben die feinsten Nasen, die man sich denken kann. Ein Kamel erkennt seinen Herrn am Geruch, und ebenso kann es Freund und Feind seines Herren unterscheiden. Damals, als er noch mit den Karawanen gezogen sei, habe er das selbst erlebt, sagt er. Seine beste Kamelstute erkannte den Betrüger Sayed, wenn er noch längst außer Sichtweite war, an dessen Witterung. Und wenn er sich Hassans Zelt näherte, habe sie ein heftiges Gebrumme und Geknurre angestimmt und sich erst dann wieder beruhigt, wenn Sayed verschwunden war.

Hassan, 65, ist Kamelhändler wie es bereits sein Vater und sein Großvater waren, und diese Berufstradition gibt ihm Sicherheit und Selbstbewußtsein. Schade, daß seine Söhne das Geschäft nicht übernehmen wollen, sagt er. So ist es nun einmal, *inshallah*, wie Gott es will.

Aber war nicht selbst der Prophet Kamelhändler und hat für seine Gattin Chadidja Karawanen geleitet? Und war es nicht das Kamel, das den Propheten auf seiner Flucht von Mekka nach Medina getragen hat?

Kamelhändler zu sein, das galt in Ägypten schon immer als höchst ehrenwerter Beruf, ebenso wie das Kamel das geehrteste und wichtigste unter den Tieren ist, sagt Hassan.

Aber davon ist wenig zu spüren auf dem Kamelmarkt bei Baragil. Die meisten Kamelhändler sind nicht gerade zartbesaitet; entsprechend grob ist der Umgang mit den Tieren. Fremde Zuschauer sind hier nicht gerne gesehen und Kamerateams schon gar nicht. Deshalb war auch für den jetzt aufgelösten Kamelmarkt in Embaba grundsätzlich keine Drehgenehmigung zu bekommen. Wir haben Glück, daß es für den neuen Kamelmarkt noch keine Bestimmungen gibt und daß wir Hassan getroffen haben, der sich durch unsere Anwesenheit geehrt fühlt.

»Wenn das Kamel jung und kräftig ist, sollst du es reiten, und wenn es alt ist, sollst du's essen,« sagt Hassan, »so hat es der Prophet gewollt, und so ist es richtig.« Hassan weiß, wie man ein Kilo Kamelfleisch zubereiten muß, um eine Familie von zehn Personen, drei Tage lang zu ernähren. Zunächst einmal muß es zu Hackfleisch verarbeitet werden, »anders wird Kamel bei uns gar nicht gegessen«, und dann wird aus zwei Kilo Weizen, zwei Kilo Buchweizen, zwei Kilo Kichererbsen ein Brei gekocht, der wird mit dem Kamelhack und diversen Gewürzen vermengt und zu kleinen Frikadellen geformt. »Das gibt etwa 60 bis 70 Frikadellen, die werden in gutem Fett gebraten und schmecken mit Fladenbrot und Oliven hervorragend.«

Einhundertsechzig verschiedene Namen kennt das Arabische für das Kamel, das *safina al-sahra*, das Schiff der Wüste. Früher hat man die Dauer einer Reise nach »Kameltagen« berechnet, Gewichtsmaß war eine »Kamellast«, und der Brautpreis wurde nach Kamelen ausgehandelt.

Al gamal, das Kamel, galt als Synonym für Liebe und Verehrung, für Kostbarkeit und Bewunderung, für Reichtum und Besitz. Die arabischen Worte für Kamel und für Schönheit haben dieselbe Wurzel.

In keiner anderen Sprache gibt es so viele Redensarten und Geschichten, die um das Kamel und seine Vorzüge kreisen wie im Arabischen. Ein Mädchen wurde z.B. gefragt: »Was würdest du zu hundert Ziegen sagen?« – »Genügen.« »Und zu hundert Schafen?« – »Reichtum.« – »Und zu hundert Kamelen?« – »Erfüllung.« Die Domestizierung des Kamels ist eng verknüpft mit der Geschichte der arabisch-islamischen Kultur und Zivilisation, denn ohne das Kamel wären die Karawanenstraßen durch die Wüste nicht möglich gewesen, hätte es keine Verbindung Südarabiens mit dem Mittelmeer gegeben. Für die Beduinenvölker war das Kamel jahrhundertelang der engste Gefährte, ohne den es in der Wüste kein Überleben gegeben hätte. »In der Wüste sind Mensch und Tier untrennbar wie die Knie des Kamels«, lautet ein altes Sprichwort der Beduinen. [18]

Wie kein anderes Tier ist das Kamel an die Bedingungen der Wüste angepaßt. Es trägt durchschnittlich vier bis fünf Zentner und legt am Tag etwa vierzig Kilometer zurück. Dabei ist es geduldig und ausdauernd und ausgesprochen genügsam. Es kann sich von dürren, stachligen Gräsern und dornigen Sträuchern ernähren, die andere Tiere nicht verdauen könnten, und sogar ohne Futter hält es tagelang durch. Trotz solch erbärmlicher Ernährung, kommt es mit extrem wenig Wasser aus. Selbst bei Temperaturen über 50 Grad muß es nur jeden vierten oder fünften Tag getränkt werden.

Das Kamel ist in der Wüste Last- und Reittier zugleich. Das Kamel gibt Milch und Wolle, und sein Dung wird als Brennmaterial genützt. Es ist außerdem Fleisch- und Fettlieferant, und aus seinen Knochen und seinem Leder werden Gebrauchsgegenstände gemacht. Es gibt nichts am Kamel, was der Mensch nicht für sich nützen könnte. Das Kamel gilt deshalb als besonderes Geschenk Allahs und wird als Beweis seiner großen Güte, Weisheit und Barmherzigkeit betrachtet.

In den Sternbildern des Großen und des Kleinen Bären sehen die Wüstenbewohner eine Kamelstute mit ihren Jungen. Sie erzählen sich, daß Allah, nachdem er den Menschen geschaffen hatte, noch zwei kleine Lehmklumpen übrig hatte. Daraus formte er die Dattelpalme und das Kamel. Und so wurde das Kamel der Bruder des Menschen.[19]

Das aber bedeutet, daß der Mensch das Kamel wertschätzen muß und ihm kein Leid zufügen darf. Der Prophet, der vom Kamel herab die Offenbarung Allahs verkündet haben soll, lehrt die Gläubigen das richtige Verhalten.

In einem *hadith* von Abdullah Ibn Dschafar wird erzählt, daß Mohammed in einem ummauerten Garten ein angebundenes, abgemagertes Kamel fand. »Als das Kamel den Propheten erblickte, schrie es und seine Augen tränten. Der Prophet kam zu ihm und strich über seinen Höcker und Hals und beruhigte es. Dann fragte er: ›Wer ist der Besitzer dieses Kamels? Wem gehört dieses Kamel?‹ Ein junger Mann von den Ansar kam und sagte: ›Es gehört mir, Allahs Gesandter.‹ Da sagte er: ›Fürchtest du nicht Allah um dieses Tieres willen, über das Allah dir Macht gegeben hat? Es hat sich bei mir darüber beklagt, daß du es hungern läßt und es andauernd in Anspruch nimmst.‹«[20]

Und Abu Huraira berichtet: »Allahs Gesandter hat gesagt: Wenn ihr zur Zeit der Reife (der Ernte) unterwegs seid, laßt die Kamele ihren Anteil an den Erdenfrüchten haben, und wenn ihr zur Zeit des Mangels unterwegs seid, treibt sie zur Eile an.«[21]

Der Legende nach wissen auch die Djinnen, die Dämonen, das Kamel zu schätzen. Auf ihren Geisterkamelen jagen sie nachts, schnell wie der Sturm, zu geheimen Oasen in der Wüste, und am Tag kann man sie manchmal in den Luftspiegelungen über dem Sand sehen.[22]

Auch die arabische Poesie hat dem Kamel Wichtigstes zu verdanken, das klassische Versmaß nämlich, dessen Rhythmus vom wiegenden Gang der Tiere inspiriert wurde. Ihre Verbundenheit mit dem Kamel haben die Poeten dadurch zum Ausdruck gebracht, daß sie den Mittelteil der *Quaside*, der alt-arabischen Reimgedichte, die wahrscheinlich oft während langer, einsamer Wüstenritte entstanden sind, grundsätzlich dem Lob des Kamels gewidmet haben.

In der arabischen Dichtung wird der Geliebte, der Gatte und Beschützer, gerne mit dem Begriff »Kamel« bezeichnet. Und der traditionelle Klageruf der Frau, deren Ehemann gestorben ist, lautet: »*Ya gamali, ya gamali!*« – o du mein Kamel! – [23]

Der moderne ägyptische Muslim weiß das, aber das Kamel, das seinen Vorfahren bereits 3000 v.Chr. gedient hat, ist heute keine Notwendigkeit mehr, viele sehen in ihm eher ein Symbol der Rückständigkeit, das es zu überwinden gilt. Natürlich bedeutet es auf dem Land immer noch Reichtum und Ansehen, natürlich wird es nach wie vor als Lasttier in der Wüste eingesetzt, vor allem in der Salzgewinnung hat es sich bewährt, aber auf vielen anderen Gebieten hat die moderne Technik das Kamel bereits weitgehend verdrängt. Es gibt nur noch wenige Beduinenstämme, die das traditionelle Leben der Wüstenbewohner führen, und ansonsten kann der moderne Mensch auch ohne das Kamel in der Wüste überleben.

Der traditionelle Beruf des Kamelhändlers ist ein hartes Geschäft geworden, in dem viele der Jungen keine Zukunft mehr sehen. Wer heute als Kamelhändler erfolgreich sein will, braucht vor allem Risikobereitschaft und Gewinnorientierung. Die Zuneigung und der Respekt dem »Geschenk Allahs« gegenüber, die Bewunderung für *al gamal* , wie sie die Alten wie Hassan noch erlebt haben, ist heute eher hinderlich. Der moderne Kamelhändler in Kairo hat es vorwiegend mit Schlachttieren zu tun. Auch wenn sich Hassan, der Kamelhändler, weigert, der Moderne seine Berufsehre zu opfern.

Die Beduinen haben früher ein Kamel nur zu den hohen Feiertagen geschlachtet oder um einem wichtigen Gast die Ehre zu geben oder wenn Überlebensgründe sie dazu zwangen. Heute gilt Kamelfleisch eher als minderwertig, als ein Nahrungsmittel der Armen. Sind es die Bedingungen der modernen Gesellschaft, die die Menschen mehr und mehr vergessen lassen, daß das Kamel einst die Grundlage ihrer Kultur war?

Das Brooke Tierhospital in Kairo

Vor dem Eingang des Hospitals im Kairoer Stadtteil Sayeda Zeinab werden den ganzen Tag über verletzte Tiere versorgt. Die Bauern und Händler kommen auf ihrem Weg zum Markt oder sonst wohin schnell mal vorbeigefahren, denn es hat sich inzwischen herumgesprochen, daß es besser ist, ein krankes Tier gleich behandeln zu lassen und nicht zu warten, bis es schwerkrank und nicht mehr zu gebrauchen ist. Außerdem ist die Behandlung im Brooke Hospital kostenlos. Pferde und Esel, meist angeschirrt vor Karren oder Wagen, lassen sich problemlos Desinfektionsmittel aufsprühen und Heilsalbe in den wundgescheuerten Rücken, die verletzten Beine oder in die von der Trense entzündeten Wangen streichen. Sie halten ganz still dabei, als wüßten sie, daß es ihnen gut tut.

Das Brooke Hospital for Animals in Kairo ist 1934 von Dorothy Brooke, der Frau eines Generals der Britischen Armee, gegründet worden und hat seitdem Tausenden von Tieren und ihren Besitzern geholfen. Das Hospital wird nur durch Spenden finanziert, die zu über 96% aus Großbritannien kommen.

Zwei Tierärztinnen und drei Tierärzte sowie zwanzig Helfer arbeiten im Brooke Hospital, das derzeit über 27 normale Boxen und 8 Isolierboxen für stationär zu behandelnde Pferde und Esel verfügt und eine gesonderte Abteilung für Hunde und Katzen und andere Tiere hat. Dazu kommen die beiden sogenannten mobilen Kliniken, kleine Lkws mit Ladefläche, Hebekran und medizinischer Grundausrüstung, die es den Tierärzten ermöglichen, vor Ort optimale Hilfe zu leisten und ambulante Eingriffe durchzuführen. Jeden Tag fährt eine der mobilen Kliniken zum Großmüllplatz in Kairo, wo Dutzende von Eseln Schwerstarbeit verrichten und wo die meisten Unfälle passieren. Die zweite mobile Klinik versorgt die Zugpferde und Lastesel auf den Märkten der armen Bauern rund um Kairo. Tiere, die aufgrund schwerer Verletzungen nicht ambulant behandelt werden können, werden, sofern der Besitzer damit einverstanden ist, auf den Lkw geladen und ins Hospital mitgenommen. Da die armen Bauern und Arbeiter fast immer vollkommen angewiesen sind auf ihre Tiere und sie eigentlich keinen Tag entbehren können, ohne existentielle Verdiensteinbußen hinnehmen zu müssen, zahlt Brooke für den Arbeitsausfall der Tiere während der Behandlung eine angemessene Summe. Es kommt auch vor, daß Brooke einem Bauern ein geschundenes Tier abkauft und ihm vor seinem Tod noch für kurze Zeit ein angenehmes Leben im Freigehege der Klinik ermöglicht.

Aber Brooke zwingt keinem seine Hilfe auf, sagt Hassan Sami, Direktor des Brooke Hospitals for Animals in Kairo. Alle Tiere werden freiwillig gebracht, keines wird seinem Besitzer abgenommen. Brooke setzt auf Erziehung und Aufklärung. Die Veterinäre verwickeln die Bauern ins Gespräch, machen deutlich, daß es auch für sie, für ihren Lebensunterhalt, wichtig ist, daß ihr kranker Esel oder ihr verletztes Pferd behandelt wird, und sie versuchen, Mitgefühl für die Tiere zu erwecken.

Die Menschen auf dem Land sind oft bitterarm. Viele der ägyptischen Bauern erwirtschaften nur mit Mühe das Allernötigste. In manchen Dörfern sind zwei Drittel der Bewohner Analphabeten. Ein ungelöstes Problem ist auch nach wie vor die Bilharziose, eine Wurmerkrankung, die zu schwere Schäden der inneren Organe führt. Ursache ist, daß viele Dorfbewohner ihr Trinkwasser aus den Kanälen des Nil beziehen müssen. Das schwere Leben hat sie oft hart und dumpf gemacht – gegen sich selbst und gegen die Tiere.

Im Gespräch mit einem Tierarzt des Brooke Hospitals hört mancher Bauer zum ersten Mal, daß es nach seiner Religion und nach dem staatlichen Gesetz verboten ist, sein Tier zu überfordern und es halbtot zu prügeln, daß es verboten ist, ihm unnötige Schmerzen zuzufügen, und daß es nicht arbeiten kann, wenn es krank ist. Die meisten Menschen wollen ihr Tier nicht wirklich quälen, aber sie wissen es oft nicht besser. Hassan Sami erzählt, daß es z.B. auf dem Land immer noch üblich ist, Wunden auszubrennen, d.h. wenn sich ein Tier verletzt hat, wird es mit einem glühenden Eisen behandelt, aber dabei wird dem Tier meist noch größerer Schaden zugefügt. Oft sind schwere Infektionen die Folge.

Hassan Sami kennt die Krankheitsgeschichten aller Tiere, die im Hospital in Kairo untergebracht sind. Jeden Morgen geht er von Box zu Box, läßt sich von den Tierärzten den Stand der Genesung erklären, spricht mit den Tieren, legt ihnen die Hand auf die Stirn. Die Tiere sollen nicht nur gesund werden im Hospital, sie sollen es gut haben. Es ist schon vorgekommen, sagt Mr. Sami, daß ein Besitzer sein Pferd abgeholt hat, daß sich das Pferd aber nach wenigen Schritten auf der Straße losgerissen hat und zurück ins Hospital galoppiert ist.

Mr. Sami zeigt mir die Klinik. Ich bin entsetzt, als ich die Wunden der Tiere sehe. Furchtbare Beweise menschlicher Ignoranz und Grausamkeit.

Die meisten dieser Tiere wurden jahrelang mit Lasten derart überladen, daß ihre Sehnen und Knochen nicht standhalten konnten. Viele sind in schwere Verkehrsunfälle verwickelt worden, andere haben Verbrennungen und Verätzungen durch gefährliche Chemikalien erlitten, die sie in ungenügend gesicherten Fässern auf ihrem

Rücken tragen mußten, und wieder andere sind auf Müllplätzen ins Feuer geraten, weil ihre Besitzer keine Rücksicht auf sie genommen haben.

Das helle Pferd, das mit gebrochenen Beinen in einer Spezialvorrichtung hängt, blickt mich aus großen, dunklen Augen an. Der dünne Esel mit dem riesigen Brandloch auf dem Rücken steht ganz still und ergeben. Er hat seinen Kopf an die Wand der Box gelehnt, den Blick gesenkt – ein Bild unendlicher Traurigkeit. Von all diesen Geschöpfen hier geht eine Würde und Demut aus, die fast noch anklagender ist als ihre Wunden.

Die Brooke-Veterinäre begreifen ihre Arbeit nicht nur als Hilfe für die Tiere, sondern auch als Hilfe für die Menschen. Hassan Sami, gläubiger Muslim, ist der Meinung, daß das Elend der Tiere langfristig nur dann beseitigt werden kann, wenn es auch den Menschen besser geht, das aber bedeutet Bildung und Ausbildung und Verbesserung der ökonomischen Bedingungen. »Barmherzigkeit läßt sich nicht aufteilen«, sagt Hassan Sami, »Barmherzigkeit gilt für Menschen und Tiere gleichermaßen. Der kleine Junge, der auf den Esel eindrischt, ist vielleicht selbst gerade verprügelt worden. Man muß die Menschen verstehen, und man muß ihre Lebensbedingungen ändern, wenn man den Tieren wirklich helfen will.«

Der Islam und der Tierschutz

In den autoritativen Schriften des Islam werden die Tiere nicht vergessen, und in zahlreichen Überlieferungen aus dem Leben des Propheten wird die Tierliebe Mohammeds beschrieben. Koran und Sunna äußern sich eindeutig zur Stellung von Menschen und Tieren innerhalb der Schöpfung. Was der Mensch daraus macht, ist eine andere Sache. Ahmad Rifaʿi z.B., der Begründer der islamisch-mystischen Bruderschaft der Rifaʿyya im 12. Jahrhundert, hat die Tötung jeglicher Lebewesen abgelehnt. Von den ägyptischen Rifaʿi-Derwischen wird auch erzählt, daß sie auf wilden Tieren reiten und mit ihnen sprechen konnten und sich rein vegetarisch ernährten.[24] In zahlreichen Vorschriften, Beispielen und Hinweisen jedenfalls wird klargestellt, wie sich der Mensch den Tieren gegenüber verhalten soll. Der Islam bietet somit eine ausgezeichnete Grundlage dafür, Tiere zu schützen und ihnen ihre Rechte als Geschöpfe Gottes zukommen zu lassen. Daß dabei der Gedanke des Nutzens der Tiere zunächst im Vordergrund steht,[25] tut dem keinen Abbruch, denn der Mensch als *khalifa* Gottes ist verpflichtet, die Schöpfung zu bewahren und hinter dem, was ihm nützlich ist, das Eigentliche zu sehen, nämlich die Größe und Herrlichkeit Gottes. Daß das aber eine schwere Prüfung für den Menschen ist, wird im Koran vorweggenommen. In Sure 4,119 sagt der Satan: »Und ich will sie irreführen und (nichtige) Wünsche in ihnen wecken und ihnen befehlen, den (geweihten) Herdentieren die Ohren abzuschneiden (oder: einzuschlitzen) und die Schöpfung Gottes zu verändern.«

Aber Allah fordert: »Richtet nicht Unheil auf der Erde an, nachdem sie in Ordnung gebracht worden ist!« (7,56)

Das mangelnde Bewußtsein den Tieren gegenüber, wie es in den Handlungsweisen vieler Muslime täglich zum Ausdruck kommt, hat nichts mit dem ursprünglichen Islam, aber viel mit der Lebenssituation der Menschen zu tun. Armut und rapides Bevölkerungswachstum einerseits und zunehmende Industrialisierung und Konsumorientierung andererseits führen zu raschem Traditions- und Werteverlust, der besonders die sozial Schwachen tangiert. »Die Muslime bauen heute eine Umwelt um sich auf, in welcher der Glaube nur fehl am Platze scheinen kann, das Gebet überflüssig und die *Shariah* eine Unbequemlichkeit«, klagt der Muslim Charles Le Gai Eaton.[26] Das Leiden der Tiere und die geistige, soziale und ökonomische Situation der Menschen aber sind eng miteinander verknüpft. Wer unter dem Existenzminimum lebt, dessen Alltag ist geprägt von der Sorge um das Notwendigste – der Tierschutz gehört nicht dazu.

»Wir haben doch (seinerzeit) den Menschen erschaffen. Und wir wissen, was er sich selber (an bösen Gedanken) einflüstert und sind ihm näher als die Halsschlagader«, heißt es im Koran (50,16). Vor dem Jüngsten Gericht wird der Mensch auch Rechenschaft darüber ablegen müssen, wie er mit den Tieren umgegegangen ist. Dann wird sich zeigen, ob er des Amtes des *khalifa* würdig war oder nicht.

Anmerkungen

Es wurden folgende Koran-Übersetzungen verwendet, die zum Teil in der Verszählung differieren:

Der Koran, Übersetzung unter der Leitung von Hazrat Mirza Tahir Ahmad, Imam und Oberhaupt der Ahmadiyya Muslim Jamaat, Heyne Verlag, München 1992.
Der Koran, Übersetzung von Adel Theodor Khoury, unter Mitwirkung von Muhammad Salim Abdullah, Gütersloher Verlagshaus, Gütersloh 1992.
Der Koran, Übersetzung von Rudi Paret, Verlag W. Kohlhammer, Stuttgart/ Berlin/ Köln 1993.

1. Adel Theodor Khoury/ Ludwig Hagemann/Peter Heine, Islam-Lexikon, Freiburg 1991.
2. Ebers, Georg , Ägypten in Bild und Wort, Leipzig 1879, S. 221.
3. Schimmel, Annemarie, Und Muhammad ist Sein Prophet, München 1995, S. 42.
4. von Denffer, Ahmad, Islam und Umwelt, Schriftreihe des islamischen Zentrums München, Nr.8, München 1993, S.9.
5. von Denffer, Ahmad, a.a.O., S.7.
6. Masri, Al-Hafiz Basheer Ahmad, Islamic Concern for Animals, Petersfield 1987, S. 4.
7. Adel Theodor Khoury/Ludwig Hagemann/Peter Heine, Islam-Lexikon, a. a. O., Bd.3, S.713.
8. Sahih al-Buhari, Nachrichten von Taten und Aussprüchen des Propheten Muhammad, Stuttgart1991, S.379f.
9. Mishkat Al-Masabih, Translation and Explanatory Notes by James Robson, Lahore 1981, 2: 3978 .
10. Idris Shah, The Way of the Sufis, London 1975, S.162.
11. Sahih al-Buhari, a.a.O., S.255.
12. Sahih al-Buharia,a.a.O., S.63.
13. Allahs Gesandter hat gesagt, Hrsg. Ahmad von Denffer, Lützelbach 1984, S.266.
14. Mishkat al-Masabih, Book 6, Chpt.7, 8, nach: Masri, Al-Hafiz, B.A., Islamic Concern for Animals, Petersfield 1987, S.30.
15. Khoury, Adel, Islam-Lexikon, a.a.O., Bd.3, S.715 f.
16. Masri, Al-Hafiz, B.A., a.a.O., S.31f.
17. Canetti, Elias , Die Stimmen von Marrakesch, Frankfurt 1981, S.7ff.

18. Heller, Erdmute, Der Untergang des Wüstenschiffs, Auf den Spuren des Kamels in der orientalischen Geschichte, Süddeutsche Zeitung Nr.179, SZ am Wochenende vom 4./5.August 1984, S.127.

19. rororo Tierlexikon, Säugetiere 1, 1971, S. 182.

20. Abdullah Ibn Dschafar, zitiert nach: Allahs Gesandter hat gesagt, Hrsg. von Ahmad von Denffer, Lützelbach 1984, S.267, Nr.853.

21. Abu Huraira, zitiert nach Allahs Gesandter hat gesagt, a.a.O.,S.267, Nr.853.

22. Sergius, Golowin, Gemeinsam im Garten Eden, Mystik und Magie unserer Haustiere, Basel 1993, S.149.

23. Heller, Erdmute, a.a.O.

24. Frembgen, Jürgen, Derwische, Gelebter Sufismus, Köln 1993, S.32 u. 121.

25. vgl. Tworuschka, Monika, Islam, in: Ethik der Religionen – Lehre und Leben, Hrsg. von Michael Klöcker und Udo Tworuschka, Bd.5, S.57.

26. Le Gai Eaton, Charles, Der Islam und die Bestimmung des Menschen, München 1994, S.386.

»Die Tiere sind ein Geschenk Gottes, das wir achten und bewahren müssen«

Interview mit dem Mufti von Ägypten, Mohammed Sayed Tantawi

Der Mufti Mohammed Sayed Tantawi ist der oberste islamischer Rechtsgelehrte Ägyptens. Er ist bekannt dafür, daß er sich auch für die Belange der Tiere einsetzt. Das Interview mit ihm führte Renate Beyer.

Beyer: Der Mensch wird im Koran als Statthalter Gottes auf Erden bezeichnet. Was bedeutet das in bezug auf sein Verhalten den Tieren gegenüber?

Tantawi: Gott wird den Menschen zur Rechenschaft ziehen für die Behandlung der Tiere. Wenn er sie gut behandelt, wird er dafür belohnt werden, aber wenn er das Tier einsperrt, tötet oder verletzt, wird er dafür bestraft werden. Den Beweis dafür finden wir im Hadith des Propheten, wo es heißt: »Eine Frau kam in die Hölle, weil sie ihre Katze eingesperrt hatte.« Diese Frau hat die Katze weder gefüttert, noch dem Tier die Gelegenheit gegeben, selbst nach Nahrung zu suchen.

Der Mensch soll so mit den Tieren umgehen, wie die islamische Scharia, das Gesetz Gottes, es vorschreibt und wie es auch die anderen monotheistischen Religionen vorschreiben. Das bedeutet, die Tiere gut zu behandeln, sie zu füttern, sie zu tränken und sie nicht zu überlasten, also ihnen die erforderlichen Ruhezeiten zu gewähren. Wenn der Mensch ein Tier schlachtet, das die Scharia ihm erlaubt zu schlachten, soll er dabei so vorgehen, daß das Tier nicht gequält wird und so wenig Schmerzen verspürt wie möglich. Der Prophet, Gottes Segen und Gnade sei mit ihm, hat gesagt, wenn ihr tötet, sollt ihr richtig töten, d.h. mit einem scharfen Messer und ohne dem Tier unnötiges Leid zuzufügen. Die islamische Scharia und auch die anderen monotheistischen Religionen fordern Barmherzigkeit gegenüber den Tieren.

Beyer: Warum müssen Tiere nach dem islamischen Gestz geschächtet werden?

Tantawi: Ich kann nur sagen, wenn Allah uns etwas befiehlt, müssen wir sagen, wir haben es gehört, und wir gehorchen. Der Koran verbietet uns, Schweinefleisch, Blut, natürlich verendete Tiere, erwürgte Tiere, erstickte Tiere, von Raubtieren angefressene Tiere zu essen. Wenn der Koran das vorschreibt, müssen wir sagen, wir haben es gehört, und wir führen es durch. Gleichgültig, ob wir den Sinn verstehen oder nicht. Wir wissen inzwischen, daß das Fleisch verendeter Tiere schwere Krankheiten beim Menschen verursachen kann, es war deshalb eine große Gnade Gottes, uns dieses Fleisch zu verbieten. Die Wissenschaft hat auch erkannt, welcher Schaden durch das Essen von verwundeten Tieren oder auch solchen, die nach dem Koran verboten sind, verursacht werden kann.

Was die Methode des Schlachtens angeht: es ist bekannt, daß nach der islamischen Scharia die Kehle des Tieres durchschnitten werden muß. Wenn die Wissenschaftler bestätigen, daß die vorherige Betäubung des Tieres der Scharia widerspricht, können wir als Theologen diese Methode nicht genehmigen. (M.S.Tantawi bezieht sich auf die Entscheidung seines Vorgängers im Amt des Mufti, der sich in den 70er Jahren auf die dringende Bitte des Deutschen Tierschutzbundes hin, mit der Frage auseinandergesetzt hat, ob es nicht humaner und richtiger sei, das Tier vor dem Schächten zu betäuben. Da jedoch nicht hundertprozentig sichergestellt werden konnte, daß das Tier nicht bereits bei der Betäubung zu Tode kommt, hat der Mufti die Betäubung abgelehnt. Denn die Scharia verbietet es, das Fleisch von Tieren zu essen, die schon vor dem Ausbluten gestorben sind. Außerdem hatten die Mediziner festgestellt, daß der Herzschlag betäubter Tiere reduziert ist, was ein schnelles und vollständiges Ausbluten erschwert bzw. sogar verhindert. Ungenügend ausgeblutetes Fleisch zu essen aber ist den Muslimen verboten. Red.)

Beyer: Warum ist es verboten, Blut zu essen?

Tantawi: Wie kann man das erklären? Ich kann es nicht erklären. Ihr habt eure Religion, wir haben unsere.

Beyer: Sind die islamischen Theologen der Meinung, daß auch Tiere eine Seele haben?

Tantawi: Ja.

Beyer: Bedeutet das, daß es eine Gleichstellung von Mensch und Tier gibt?

Tantawi: Gleichheit zwischen Mensch und Tier gibt es in bezug auf den Umgang, der vom Menschen gefordert wird: der Mensch muß ebenso gütig den Tieren gegenüber sein, wie er es den Menschen gegenüber sein muß. Der Mensch soll andere Menschen so behandeln, wie er am liebsten von anderen behandelt werden möchte. Er muß wahrhaftig und er muß gütig sein. Das gilt für Menschen und Tiere.

Die Barmherzigkeit Gottes gilt für alle gleichermaßen, nicht etwa allein für die Menschen und für die Tiere nicht. Die Barmherzigkeit gilt für alle, die sie verdienen, so, wie Gott es festgelegt hat, so, wie es im Koran heißt: »Allah spricht: Meine Gnade umfaßt alles.«

Es gibt jedoch einen Unterschied zwischen Mensch und Tier, was die Pflichten angeht. Der Mensch hat eine Aufgabe zu erfüllen. Er ist verpflichtet, Gebete zu verrichten, zu fasten, auf Pilgerfahrt zu gehen, wenn er es sich leisten kann, und er muß das Böse meiden und das Gute anstreben. Das Tier dagegen hat keine Verpflichtungen dieser Art, es ist dem Menschen unterlegen und soll ihm dienen. Der Mensch darf es für seine Bedürfnisse gebrauchen.

Beyer: Was sagen die islamischen Theologen zur Zerstörung der Umwelt, gibt es eine umfassende Auseinandersetzung mit diesem Problem?

Tantawi: Die Umwelt zu schützen und zu pflegen lehren uns alle Religionen, vor allem der Islam. Das wird ausreichend bewiesen in vielen verschiedenen Versen im Koran. Und immer wieder wird betont, daß alle Tiere und Pflanzen in ihrer Schönheit zu begreifen sind. Im Koran heißt es: »Und sie tragen eure Lasten, und ihr genießt ihre Schönheit. Gott ist gnädig und barmherzig. Und Er hat Pferde, Maultiere und Esel erschaffen, damit ihr auf ihnen reiten und euch an ihrer Schönheit erfreuen könnt.«

Es gibt viele Verse im Koran und viele Aussagen des Propheten im Hadith, die dazu auffordern, die Natur zu schützen und zu bewahren. Jeder Mensch, der Pflanzen anbaut, von denen sich Vögel, Tiere und Menschen ernähren können, wird von Allah dafür belohnt werden.

Beyer: Was sagt der Islam zu Tierversuchen?

Tantawi: Tierquälerei ist *haram, haram, haram*! (›haram‹ bedeutet: nach dem islamischen Gesetz verboten) Tierversuche im Labor sind von der Scharia her nur dann erlaubt, wenn sie wirklich notwendig sind.

Beyer: Sie sind Mitglied in der Tierschutz-Organisation SPCA?

Tantawi: Ja, ich beteilige mich an dieser hohen Aufgabe, die Tiere zu schützen. Wir müssen alle zusammenarbeiten, um Aufklärung über den Tierschutz zu verbreiten, um ein besseres Verständnis für die Tiere zu schaffen und um die Rechte und den Schutz der Tiere zu garantieren.

Die Tiere sind ein Geschenk Gottes für uns, das wir achten und bewahren müssen.

Zur Biographie

Renate Beyer, geboren 1947, Studium der Theologie, Biologie und Pädagogik, freie Journalistin und Filmemacherin, Autorin zahlreicher Fernsehdokumentationen.

Hanna Rheinz, Dr. phil. Dipl.-Psych., Schriftstellerin und freie Autorin, Mitglied der Organisation »Jews for Animal Rights«. Arbeitete viele Jahre in einer »Ethik-Kommission«, die sie 1995 unter Protest verließ.

Wolf-Rüdiger Schmidt, geboren 1939, Dr. phil., Autor zahlreicher Fernsehdokumentationen und Buchveröffentlichungen, Redaktionsleiter im ZDF.

Christa Blanke

Da krähte der Hahn

Kirche für Tiere? Eine Streitschrift

Eschbach

Christa Blanke
Da krähte
der Hahn

Kirche für Tiere?
Eine Streitschrift.

Format 12 × 19 cm. 176 Seiten
mit 9 einfarb. Abbildungen.
1995.
Gebunden.
3-88671-**159**-5

Menschen-Wahnsinn
Rinder-Wahnsinn
Streit um die Schöpfung

Ein neues Denken und Handeln gegenüber den Tieren fordert die Theologin Christa Blanke. Mit ihrem Mann führt sie seit 1986 in Glauberg/Hessen Tiergottesdienste durch, die bundesweit für Aufsehen sorgen. 1996 hat sie den Protest gegen Tiertransporte „Europa erbarme dich" organisiert.

Aus dem Inhalt: Circus / Wem gehören die Tiere / Juden und Christen / Niedergefahren zur Hölle / Da krähte der Hahn / Asyl / Ich esse Elend / Im Zeichen des Fisches / In Ewigkeit. Amen / Wir sind noch nicht im Festsaal angelangt.

Eine Fundgrube spannender und herausfordernder Überlegungen – und leider notwendig… „Tiere brauchen Licht und Luft. Freiheit und Würde. Den ihnen angemessenen und von ihrem Schöpfer zugedachten Lebensraum", beschreibt die Autorin das Defizit. (Das Sonntagsblatt, Hamburg)

VERLAG AM ESCHBACH · 79427 ESCHBACH